企业资产重组操作实务与市场管理探析

梅秀琴◎著

中国商业出版社

图书在版编目（CIP）数据

企业资产重组操作实务与市场管理探析/梅秀琴著.
——北京：中国商业出版社，2020.5
ISBN 978-7-5208-1152-1

Ⅰ.①企… Ⅱ.①梅… Ⅲ.①上市公司—资产重组—研究—中国 Ⅳ.①F279.246

中国版本图书馆CIP数据核字(2020)第077010号

责任编辑：刘加莹　武维胜

中国商业出版社出版发行
010-63180647　　www.c-cbook.com
（100053　北京广安门内报国寺1号）
新华书店经销
福建省天一屏山印务有限公司印刷

787毫米×1092毫米　16开　8.5印张　105千字
2020年5月第1版　2020年5月第1次印刷
定价：40.00元
****
（如有印装质量问题可更换）

前言

当今世界，伴随着经济一体化和信息化趋势，企业重组浪潮风起云涌，席卷全球，并呈现出范围广、数量大、力度强、巨额化、跨国化等特点。各国政府基于在世界政治经济中争夺领先地位的考虑，对企业重组从政策上给予积极引导和大力支持。企业重组浪潮对各国乃至世界经济结构和全球市场态势产生了重大影响。面对世界经济发展的新特点和日益激烈的市场竞争，我国企业必须顺应潮流，采取相应的对策和措施。

本书在内容编排上共设置五章：第一章是绪论，内容包括资产重组的内涵阐释及资本市场基础、资产重组的定位误区与正确方向、经济转型期企业资产重组问题及解决对策、市场管理及其企业内部市场管理、市场管理的法律渊源探析；第二章在分析中国上市企业资产重组动因的基础上，探讨中国证券市场与资产重组的现存问题，解读中国上市企业资产重组的不同模式；第三章围绕中国上市企业资产重组绩效评价与建议展开论述，内容涵盖企业资产重组绩效的衡量方法分析、中国上市企业资产重组绩效评价研究、规范中国上市公司资产重组的政策建议；第四章基于审计视角研究企业资产重组，囊括企业资产重组审计问题及解决对策，内部审计在企业资产重组中的重要性，重大资产重组中的审计成本、审计师变更与审计质量，企业资产重组审计风险的控制研究四方面内容；第五章从市场经营组织与交易、竞争行为管理，市场化改革进程中的企业管理，审计市场管理机制，上市公司审计市场结构的管理四个角度探析市场管理的多元化与审计市场管理。

全书结构合理，逻辑严谨，分析深入，资料翔实。本书的研究成果不仅对于分析和解决上市公司资产重组中产生的审计问题有重要意义，而且对于认识和抑制现阶段国有大、中型企业改制中出现的国有资产流失情况也有着重要的参考价值。

笔者在撰写本书过程中，得到专家、学者的帮助和指导，在此表示诚挚谢意。由于笔者水平有限,加之时间仓促,书中所涉及内容难免有疏漏之处,希望读者多提宝贵意见,以便笔者进一步修订,使之更加完善。

作者
2020年1月

目 录

第一章 绪 论 ... 01
第一节 资产重组的内涵阐释及资本市场基础 ... 01
第二节 资产重组的定位误区与正确方向 ... 16
第三节 经济转型期企业资产重组问题及解决对策 ... 21
第四节 市场管理及其企业内部市场管理 ... 24
第五节 市场管理的法律渊源探析 ... 29

第二章 中国上市企业资产重组动因及其模式 ... 38
第一节 中国上市企业资产重组动因分析 ... 38
第二节 中国证券市场与资产重组的现存问题 ... 39
第三节 中国上市企业资产重组的不同模式解读 ... 43

第三章 中国上市企业资产重组绩效评价与建议 ... 49
第一节 企业资产重组绩效的衡量方法分析 ... 49
第二节 中国上市企业资产重组绩效评价研究 ... 51
第三节 规范中国上市公司资产重组的政策建议 ... 55

第四章 基于审计视角的企业资产重组研究 ... 61
第一节 企业资产重组审计问题及解决对策 ... 61
第二节 内部审计在企业资产重组中的重要性 ... 65
第三节 重大资产重组中的审计成本、审计师变更与审计质量 ... 68
第四节 企业资产重组审计风险的控制研究 ... 88

第五章　市场管理的多元化与审计市场管理探析 95

　　第一节　市场经营组织与交易、竞争行为管理 95

　　第二节　市场化改革进程中的企业管理 116

　　第三节　审计市场管理机制解读 119

　　第四节　上市公司审计市场结构的管理探析 121

参考文献 125

第一章 绪 论

企业资产重组指企业的流动资产、固定资产、技术、运营流动资金与人员劳动力、管理组织结构与企业治理结构等诸多企业主要构成部分与要素,根据企业重组后的主要战略发展方向、企业规划以及市场经济的发展波动系数进行重新配置,构建新的企业生产经营模式,并对企业的所有权进行重组。本章围绕资产重组的内涵阐释及资本市场基础、资产重组的定位及其类型、经济转型期企业资产重组问题及解决对策、市场管理及其企业内部市场管理以及市场管理的法律渊源展开论述。

第一节 资产重组的内涵阐释及资本市场基础

一、资产重组的内涵阐释

(一)资产重组的概念界定

资产,实质上是资本的存在形式(即资本运用)。资本的最大目标是实现价值增值,企业资产的使用效益,将直接决定企业资本的效益。资产重组是企业为了最大限度地发挥资产效益,实现资本最大增值目标,以产权为纽带,对企业各种资产和各种生产要素进行重新配置和组合。资产重组通常涉及资产注入,资产的出售或剥离,资产重新整合,债务、资本比率的改变,新形式的资本、债务形式,产权变化等[①]。

一方面,资产重组的基础和前提是企业产权。企业产权重组是因为任何资产的转让、交换、合并都意味着企业产权和产权关系的改变。所谓产权,指由法律确定的人们对财产的行为权力的总和。产权包括两种权力:财产所有权;在所有

---

① 石建勋,郝凤霞,张鑫,等.企业并购与资产重组理论、案例与操作实务[M].北京:清华大学出版社,2019.

权基础上派生出的财产使用权。企业产权关系中包括三大基本产权关系：企业法人财产权、债权人的债权和出资人所有权。企业法人财产权是一种实物形态的权力，是对企业全部资产的控制权；债权人的债权和出资人所有权是价值形态的所有权，主要表明债权人和出资人对其投入企业资本的所有权，但他们不能直接控制和支配企业的任何具体财物。

另一方面，资产重组是对企业各种资源的优化配置和组合。所谓资源配置，指社会在不同部门、不同地区和不同企业之间，以经济有效运行原则所进行的资源分配与组合。

资源的配置方式有两种：市场配置和计划配置。前者是将社会各种资源通过市场进行分配；后者指用计划手段对经济活动进行指导、调节和约束，旨在使经济活动符合社会需要，按照国家要求目标和方向发展。资源的市场配置方式是市场经济本质特征的体现，市场经济必然要求按市场规律优胜劣汰。资产重组通过对企业各种资源的优化配置，从而提高资产使用效率，最终提高企业效益。

（二）资产重组的主要特点

1.形式多样性

从我国企业资产重组的实践来看，采取的形式多种多样，既有针对企业产权重组的股份制改造、合并、收购、破产、兼并等方式，也有针对经营权重组的承包经营、租赁经营、委托经营；既有企业整体重组的收购、兼并、破产等，也有企业部分重组的资产转让、剥离重组等；既有"强强联合""强弱联合""弱弱联合"，也有"横向联合""纵向联合""混合联合"。资产重组既可以通过公开的股票市场进行，也可以通过非专业的产权交易市场进行，还可以采用非市场化的行政及法律等超经济力进行重组。

2.开放式与结构优化式经营

（1）开放式经营。资产重组的最终目的是实现资本的最大增值，要求企业最大限度地支配和使用资本，以较少的资本调动支配更多的社会资本。资产重组企业不仅要关注内部资源，通过企业内部资源的优化组合和有效营运达到价值增值的目的，还应利用一切融资手段、信用手段扩大利用资本份额，重视通过兼并、收购、参股、控股等途径，实现资本扩张，使企业内部资源与外部资源结合起来进行优化配置，以获得更大的价值增值。

（2）结构优化式经营。资产重组是企业优化资本结构的重要途径。通过结构优化，对企业各种资源进行合理配置。无论是正在参与调整企业再生产的资产存量，还是处于闲置状态的资产存量，资产重组强调不同企业或法人主体之间对资产的重新配置。也就是说，资产重组强调通过两个企业以上的资产优化结合，强调对于效率低下的资产，通过合并、转让、参股、租赁等形式，使其转移到资本利用效率高的地方，以求得资本的最大增值。

3.资产的流动性

资本经营理念认为，资本只有流动才能增值，资产闲置是资本最大的损失。

一方面，要求缩短资本的流通过程，以实业资本为例，由货币资本到生产资本，由生产资本到商品资本再由商品资本到货币资本的形态变化过程，其实质是资本增值的准备、进行和实现过程。因此，要求加速资本的流通过程，避免资金、产品的积压。

另一方面，要求通过兼并、收购、租赁等形式的资产重组，盘活沉淀、闲置、利用率低下的资本存量，使资本不断流动到报酬高的产业和产品上，通过流动获得增值的契机。

4.重视资产的支配和使用而非占有

资产重组把资产的支配和使用看得比资产占有更为重要，因为利润源于使用资产而非拥有资产。因此，资产重组重视通过兼并、收购、控股、租赁、股份制改造、出售等形式，获得对更大资产或资本的支配权，还通过战略联盟等形式与其他企业合作开拓市场，获取技术，降低风险，从而增强竞争实力，获得更大的资本增值。

（三）资产重组的客观必然性和重要意义

1.资产重组有利于建立现代企业制度

企业制度的基本特征是"产权清晰、权责明确、政企分开、管理科学"。企业要对资本进行有效营运，必须对企业的产权关系、管理制度、经营方式、经营策略等进行一系列变革和创新。首先，必须明确产权关系，使企业拥有独立的法人财产权，以承担保值增值的责任。通过明确产权关系塑造企业清晰、独立、完整的法人财产权，保证国有资产的顺畅流动。其次，要实现资本在全社会范围的合理流动，企业必须走向市场，摆脱对政府的依赖以及政府对企业的干预。最后，要实现资本的最大增值，企业必须进行科学合理的经营决策，进行科学管理，从而推动现代企业制度的建立。

2.资产重组有利于实现根本性转变

经济体制由传统的计划经济向市场经济转变,经济增长方式从粗放型向集约型转变,已成为我国改革与发展的主题。实现两个转变的实质是要由行政机制配置资源转向市场机制配置资源,使资本机制得以产生并在资源配置中发挥主导作用。资产重组的全面开展,将在企业和社会中逐渐形成资本的组合机制、竞争机制和增值机制,使增量资本的投向和存量资本的调整都按照市场经济和规模经济的要求进行运作,从而使我国经济运行和发展进入一个全新的局面。

3.资产重组有利于国家产业结构的调整

进行产业结构调整是我国企业改革的主要任务之一。由于盲目投资,带来我国产业结构严重失衡,加工工业过分膨胀,而能源、交通、通信、原材料等产业则相对落后,甚至成为国民经济持续发展的"瓶颈"。对这种极度不平衡的产业结构急需做大调整。为此,以市场为导向的资产重组,是优化资源配置、调整产业结构的有效手段。

4.资产重组有利于企业组织结构的调整

目前,我国企业普遍存在一些不合理的现象,企业超负荷地承担许多本来该由社会承办的事业,如职工子弟学校、医院、托儿所、浴室、食堂等,甚至企业社区内的道路、公用设施等也要企业承担,必然造成企业大量资金沉淀在非营运资产上,从而带来企业整体资产的运作效率低下,成本费用居高不下,竞争力下降等负面影响。对此,解决这一问题的有效途径是引入市场机制,促进产权交易,引导资源重组,实现优化配置。

5.资产重组有利于企业建立科学的管理机制

资产重组企业一般重新规定了严格的产权关系,谁所有,谁经营,责任清楚,主体明确。企业内部的管理机制也十分合理、健全、科学、实用。股东会、董事会、监事会、经理人员各司其职,职权、责任明确而又相互牵制。资产重组实行政企分开、独立经营、自负盈亏,这些规定和机制能够确保企业自主经营参与市场竞争,在竞争中承担压力和风险,面临优胜劣汰的现实,促使企业不断改进和完善经营管理。

6.资产重组有利于企业实现集约化、多元化、集团化、国际化

第一,通过资本联合、重组,实行集约化经营。可以"强强联合",也可以"强弱联合",优势互补。

第二，通过资本的流动、组合，调整产业结构和产品结构，变单一产业、单一产品为多产业、多产品，实施多支柱策略。

第三，通过资本的控股、兼并，实行母子公司体制，组建大型企业集团，形成资本规模优势。

第四，通过引进外资和向国外投资，增强国际市场的竞争能力，实行国际化经营，形成资本国际化优势。

二、资产重组的基础：资本市场

（一）市场概述

市场是商品经济的产物，属于商品经济范畴，是一定场所或领域中各种商品交换关系的总和，这种商品交换关系体现着一定的生产关系和经济法律关系。由于市场是由市场主体、市场客体、市场行为和市场秩序等四方面内容组成的有机整体，总是按其自身的内在规律要求，在具体的经济环境下运行。所以，市场管理既是一般商品经济条件下市场运行秩序的要求，又是国家经济管理职能的客观要求。在中国特色社会主义市场经济条件下，规范和维护市场经济秩序，强化政府的市场监管执法职能，是建立和完善中国特色社会主义市场经济体制的必然要求，也是促使市场正常运行和国民经济持续健康发展的重要保证。

1.构成市场的基本要素

市场作为商品交换关系的总和，包含丰富的内容。其构成主要有市场主体、市场客体、市场行为、市场秩序和市场监管组织等要素。

（1）市场主体。

商品交换活动体现的是商品生产经营者之间互换劳动的关系，是劳动者之间的劳动互换。市场主体指拥有商品所有权，按自己意愿从事商品交换活动，以实现其经济利益的当事人（自然人或法人）。因此，离开人的生产和交换活动，也就不可能存在市场。

由此可见，人不仅是社会经济活动的主体，也是市场交换活动的主体。从事市场商品交换活动以及为了交换而进行商品生产的人——居民个人及企业，构成市场主体，也称市场供求主体。然而，并不是在任何情况下居民个人及企业都能成为市场主体。在市场经济条件下，居民个人及企业要成为市场主体，需要具备一定条件。

首先，必须具有对市场交换客体（即市场客体）的所有或直接占有、使用、支配和处置的权利。众所周知，市场供求是同一交易过程的两个方面。市场主体在市场上要参与市场客体的交换过程，实质上是各市场主体之间相互让渡，对市场客体所有或使用、支配和处置的权利过程。如果没有对市场客体的所有权或使用、支配和处置的权利，个人或企业则没有可供交换的客体，也就不可能成为市场主体。因此，对交换客体具有所有或占有、使用和支配的权利，是市场主体必须具备的一般条件。

其次，具有从事经济活动的自主权。市场主体是从事经济活动，进行市场客体交换，其主观动机是为了获得自己所需要的使用价值或自身的经济利益。因此，市场主体在市场上为了达到交换目的，必然要寻找对自己有利的交换对象、交换地点，通过一定形式完成市场客体交换活动。对此，要做到交换自主，实现利润最大化，其前提条件必须是具有生产经营的自主权。只有这样，市场主体才能根据市场需求的变动和价格信号的引导不断调整自己的经济行为，市场供给主体才能不断地向市场提供适销对路的商品或服务，市场需求主体才能自由地购买所需要的商品或服务，居民个人及企业才能成为名副其实的市场主体。

最后，居民个人及企业内在地依赖市场。企业作为市场主体，必须同市场内在联系在一起，由市场决定企业经济利益大小。当企业根据市场需要安排自己的生产经营活动，并按照价值规律要求节约劳动耗费时，就能够获得较高的利润；反之，则会获得较少的利润，甚至发生亏损。企业在市场利润吸引与压力下，会根据市场状况安排自己的生产经营活动，努力使企业真正成为市场经济活动的积极参与者，甚至成为市场的主体。

居民个人在市场运行中既是市场需求主体，又是劳动力生产要素的供给主体。从市场需求主体角度看，居民个人必须依赖市场，在市场上获得自己所需要的商品，作为劳动力这一生产要素的提供者，居民个人可以在市场上自由地出卖劳动力，自主择业。居民个人提供生产要素及购买自己所需要的生活资料，必须通过市场完成。

（2）市场客体。

市场客体指作为市场交换对象的商品和服务。一种商品或服务要成为市场交换的客体，必须具备下列条件：

其一，必须能够满足人们的某种需要。即必须具有使用价值或某种效用。没有使用价值的物品或没有任何效用的服务不具备交换能力，不能用于交换，不能成为市场客体。

其二，相互交换的商品或服务必须具有不同的使用价值，能够分别满足交换双方的需要。一般来说，具有不同使用价值的商品或服务指不同部门所提供的商品或服务。但是，随着社会分工的发展，部门内部的分工越来越细，使得同种商品或服务由于包装、牌号、规格、质量、价格等方面的差异而形成交换关系。这是社会分工不断深化的结果。

其三，能够用于交换的必须是稀缺的经济物品，即成为市场客体的商品或服务既要具备实用性，又要具有稀缺性；供应丰富的物品尽管具有使用价值或效用，如空气和阳光等，但不能用于交换，不能成为市场客体。

其四，市场客体之间的交换比例，是通过市场主体之间的讨价还价形成。在物物交换过程中，市场客体之间的比例表现为不同市场客体之间量的关系；在以货币为媒介的交换过程中，市场客体之间的交换比例表现为不同市场客体之间的比价。

商品经济发展到今天，用于交换的市场客体成千上万，不胜枚举，并随着生产发展和交换范围的扩大而不断扩大，通常可以按不同标准对其进行分类。如果按市场客体的最终用途分类，可分为用于生产消费的市场客体和用于生活消费的市场客体；按其形态分类，可分为有形市场客体和无形市场客体。

（3）市场监管组织。

在市场经济运行中，市场主体的经济活动是多方面的。为了保证各市场主体经济行为的规范化和整个市场经济运行的秩序，对市场活动进行管理的组织机构也必然是多样化和多方面的，它们共同构成市场活动监督、管理和调节的组织系统。只有通过这些市场监管组织的共同努力、相互协作和配合，才能形成对市场经济运行状态的有效和严密管理，从而保障市场经济运行的规范化和秩序化。市场监管组织主要包括市场宏观监管组织、市场微观监管组织和民间团体监管组织。

①市场宏观监管组织指国家设置的专门性市场交易活动监管机构，主要包括政府的有关职能部门、政法系统的有关机构、检查系统的有关部门，如工商行政管理机构、物价部门、银行、财政、税收、审计、统计等部门中的有关管理机构。

②市场微观监管组织主要包括行业市场监管组织和技术性市场监管组织。行

业市场监管组织指与国民经济发展关系密切的行业政府主管部门或组织。其任务是制定行业市场管理政策、规章制度以及具体的生产经营标准，协调行业内各市场主体关系，维护本行业的市场秩序。技术性市场监管组织指对市场交易活动进行技术性监管的机构，主要包括从事计量、测试、质量管理、资格认证、环保、卫生等方面监督管理工作的部门和机构。

③市场民间团体监管组织指社会性和群众性的市场监督管理机构或组织。其主要包括同行业民间团体市场监管组织和社会中介市场监管组织。同行业民间团体市场监管组织是通过资本、业务等渠道为纽带结合而成的松散型企业集团，或者是同行业内部全部或部分企业为加强生产或工艺合作关系而组织起来的行业协会，也可以是以区域为界，为加强经济合作而成立的同业公会。

同行业民间团体市场监管组织既是民间团体，也是行业自律性组织。其主要任务是沟通行业内成员与政府之间的联系；促进各成员之间的信息交流；制定同行业的技术和管理标准；协助成员单位开展咨询和培训活动。

社会中介市场监管组织指为社会提供专业中介服务和一般中介服务的中介机构。其任务主要有业务咨询、业务服务，按照行业规则确定的工作程序出具有关报告。

2.市场机制及其经济功能

（1）市场机制。

市场机制指市场上各种要素相互作用、相互制约所构成的经济运行内在机理。市场机制主要包括供求机制、价格机制和竞争机制。

供求机制指商品或服务供给和需求之间所具有的内在联系和动态平衡的规律性。在市场活动中，一方是市场供给主体在一定时期内向市场提供一定数量的商品和服务，形成市场供给；另一方是市场需求主体用一定数量有支付能力的货币购买生产和生活所需要的商品和服务，形成市场需求。市场供给与市场需求关系，是生产与消费关系在市场上的反映，受多种因素特别是价格影响。市场供求关系决定市场价格，市场价格又影响市场供求，从而总是依照从不平衡到平衡、再到不平衡这一客观经济规律的要求运动。

价格机制是价格对市场供求关系等经济活动的自发调节过程和方式，是市场机制的主体内容。市场价格是由市场供求关系决定。当市场供求关系发生变化时，市场主体能够从其引起的价格变化中得到信息，调节自身经济行为。某种商品价格提高，会增加这种商品的市场供给，并降低对这种商品的需求；反之，某种商品价格下降，会增加对这种商品的市场需求，并减少这种商品的市场供给。市场价格是市场经济条件下最有效的调节手段，能够自发地调节生产资料和劳动力在各市场供给主体之间的分配。

竞争机制指各市场主体在市场经济条件下获得自身利益的方式。在市场经济中，市场主体具有自身的经济利益。为了实现利润最大化和自身的生存与发展，市场主体要在市场上展开各种形式的竞争，包括商品质量的竞争、价格的竞争、服务的竞争等。市场供给主体的竞争能够促进劳动生产率的提高及利润率的平均化；市场需求主体之间的竞争能够使社会经济资源得到更合理的配置，从而促进社会经济发展。

市场机制根据其功能和作用范围，可以分为横向机制和纵向机制两大类。横向机制主要指竞争机制和供求机制，其特点是发挥作用的范围广泛，在各种市场里都能发挥作用。如在商品市场上，某种商品供求关系的变化，会直接促使这种商品的相关商品（包括替代品和补充品）产量、价格发生变化。在资金市场及劳动力市场上也发挥同样作用。纵向机制指只能在特定市场发挥作用的价格、工资、利率机制。如价格在商品市场上发挥作用，利率在资金市场上发挥作用，工资在劳动力市场上发挥作用，等等。

健全的市场机制应该是横向机制规范化和纵向机制合理化。所谓横向机制规范化，指供求是没有垄断组织操纵的市场客体供求，能够真正反映市场客体实际的供给和需求状况，能够为市场供求主体提供正确的市场信号；竞争是平等条件下市场主体之间的竞争，能够真正实现优胜劣汰。所谓纵向机制合理化，指价格、利率、工资不是由国家行政管理机构直接规定，而是在市场竞争和供求关系变化中形成，是买卖双方在市场上讨价还价的结果。

市场机制具有作用的自动性、连锁性和运作的回归性特点。市场机制作用的自动性指在自由竞争的市场经济中，市场客体的供求关系及价格的决定，都是一种自主的市场行为，是在竞争中自发形成和自动变化，而不是人为控制的结果；市场机制作用的连锁性指一系列市场因素互为因果的关系，表现为供求——价格——供求的一个循环往复过程；市场机制运作的回归性指在市场机制发挥作用的过程中，供求关系及其价格变动并不是杂乱无章，而是呈现出回归性的特点，即经过一定时期的供求不平衡最终要回到供求相平衡，价格波动最终是以均衡价格为中心。

（2）市场机制的功能。

市场作为社会分工的产物，作为实现商品价值的场所，是商品生产顺利进行的必要条件，是商品经济向前发展的推动力量。在市场经济条件下，社会经济的发展不能离开市场发育而发展。因为市场机制具有下列功能：

第一，实现交换的功能。在市场经济条件下，生产是为了交换而进行的商品生产。商品通过市场交换，才能从生产领域进入消费领域，才能实现其价值和使用价值。对于市场供给主体来说，商品在市场上的交换过程，是它们的个别劳动耗费与社会必要劳动耗费相统一的过程。因此，每个市场主体的经济利益，必须通过市场才能实现。

从整个社会看，社会再生产顺利进行需要两个前提条件：一是商品生产出来以后要通过市场销售出去，使商品价值得以实现，使生产商品所耗费的劳动得到补偿；二是商品生产者通过市场购买到为进行再生产所必需的生产资料和生活资料，使生产商品所需要的各种物质消耗得到补偿。

上述两个条件能否得到满足，必须通过市场，并且主要取决于当时的市场状况。离开市场，市场供给主体的经济利益就无法得到实现，社会再生产就无法进行。

第二，促进生产与消费相结合的功能。商品生产必须满足社会需要。商品生产者生产什么、生产多少、所生产的商品卖给谁，都要受市场制约。市场既是组织生产的起点，又是生产的最终归宿。商品能否通过市场销售出去，关键在于其是否符合市场需要。生产与消费需求的相互适应，是生产发展的条件。市场机制的功能在于为商品生产者和消费者提供一个相互选择的机会。市场指导和促进生产者根据社会需要组织生产，使所生产的商品在花色品种、规格、式样等方面都能够适应消费的需要，从而促进生产者生产出符合社会需要的商品。同时，市场可以使生产在总体规模、结构等方面与消费规模及结构相适应，使整个社会生产能够按照合理比例发展。

第三，配置社会资源的功能。社会资源配置主要是通过市场机制实现。利用市场机制配置资源，是通过市场上的供求机制、价格机制和竞争机制引导资源流向。一般来说，资源总是流向最需要的地方。什么地方需要，是通过市场供求关系表现出来，而市场的供求关系变化是通过该种资源或利用这种资源生产的商

第一章 绪 论

品或提供的服务价格涨落表现出来。市场供给主体根据价格高低做出生产经营决策。价格上涨,扩大该商品的生产,使得资源流入该部门;价格下跌,减少该商品的生产,使资源流向其他部门。市场通过竞争机制,促使资源在不同部门和市场供给主体之间的流动,哪个部门的市场供给主体能够有效地利用资源,就能够在市场竞争中立于不败之地,资源也会不断地向那里集中。市场是通过竞争机制,把资源配置到需要而又有效地利用的地方。市场经济越发展,市场在资源配置中所起的基础性作用越充分。

第四,市场主体的优胜劣汰功能。竞争是商品经济的基本规律。市场作为商品经济的载体,市场主体活动的场所,使得每个市场主体都有被淘汰的可能。市场作为市场主体优劣的客观评判者,生产经营同类市场客体的市场主体,由于劳动手段、劳动对象、劳动数量、质量差异,以及经营管理水平的不同,造成个别成本的差别。在市场上,同一质量和数量的市场客体,其市场价格是相同的。这样,成本低者获利多,可以不断扩大生产经营规模;成本高者获利少,甚至亏本,只能缩小生产经营规模或者停止生产经营活动。

优胜劣汰作为一种市场机制,迫使每个市场主体不断降低生产经营成本,提高商品及服务质量。通过市场竞争,技术先进、设备精良、产销对路、管理水平高的市场主体在竞争中获胜,得到发展。而技术落后、管理不善、亏损严重的市场主体,在市场竞争中会被淘汰,退出市场。

(二)资本市场概念与类型

1.资本市场的概念界定

企业间的兼并、合并和收购等资本重组行为,离不开一定场所——资本市场。资本市场的建立和完善是企业进行资产重组的前提条件和基础。没有资本市场的存在,企业间的并购也不可能存在。不仅如此,资本市场的发达程度还决定了企业兼并收购活动的发达程度。资本市场发育滞后不可避免地制约着企业资产重组行为的发生和发展[①]。

资本经营从字面上解释,指企业在资本市场上进行的各种经营活动。由此不难理解,资产重组、资本经营与资本市场之间的直接联系,可以说,这种联系是与生俱来,密不可分的。国外大多数企业间的收购兼并都是在证券市场上完成。

随着国有企业改革日趋深化,发展资本市场的呼声很高,但是在对资本市场

---

① 张虎春.企业资产重组研究[D].南京:河海大学,2002:15-40.

的认识上普遍存在狭隘偏颇的看法。例如，在有些人看来，发展资本市场，就是发展证券市场，尤其是发展其中的股票市场，说明许多人对资本市场的含义还缺乏确切地了解，而明确界定资本市场概念也成为研究中国资本市场发展的首要前提和条件。

对于"资本市场"这一概念，在国外，不同的场合常常有不同的界说。在研究经济学原理著作中，资本市场与货币市场通常是不加区分的，是一个与产品市场和劳动市场相对应的概念，指与经济的"真实面"相对的"货币面"。

在专业的金融论著中，资本市场通常指期限在一年以上资金融通活动的总称，包括期限在一年以上的证券市场以及一年期以上的银行信贷市场。但也有例外，在国外有些著作中，资本市场可能指证券市场，与其对应的是货币市场和信贷市场；用于指整个金融市场，货币市场及银行信贷市场也被包括在内。

在国内理论界，对"资本市场"概念也有各种不同理解。一种观点认为，"资本市场"有广义与狭义之分。对广义的资本市场又有不同的界定：①广义的资本市场是与货币市场相对应的概念，着眼于从期限上对融资活动进行划分，通常是由期限在一年以上各种融资活动组成的市场。②资本市场既包括证券市场，也包括非证券的长期信用资本借贷，广义上还可以包括非证券的产权交易活动。狭义的资本市场，指以间接融资为特征的中长期信贷市场排除在外以直接融资为目的证券市场。另一种观点是将资本市场仅仅理解为证券市场，甚至仅仅是其中的股票市场。

绝大多数人认为，所谓资本市场指期限在一年以上各种资金融通活动（或资金交易关系）所组成的市场的总和。"资本市场"这一概念界定的依据是金融与经济学理论中关于期限的学说。具体内容是：经济学将人类经济活动的时间量纲界定为即期、短期和长期三种类型。与此对应，关于经济均衡的概念便有即期均衡、短期均衡和长期均衡之别。

即期刻画的是一种无时间量纲的静态经济世界。经济学理论抽象出这种非现实的状态，目的是不受干扰地研究各种经济变量之间的关系，为更接近现实的研究打下基础。与此相对应，即期均衡假定一种总供给保持不变的状态。在这种状态下，经济社会只能通过价格调整达到市场均衡。

短期作为研究动态经济的时间量纲，通常被定义为一年以内。原因在于：从总体来说，在一年的时间内，经济社会不可能改变现存的固定资本总量和结构，也不可能改变所使用的生产技术。因此，短期均衡分析假定，经济社会只能通过更充分地利用现有生产能力改变供给，但不可能通过改变经济社会中现存的固定资本产品的总量和结构实现。在短期分析中，由于资本的总量和结构不可能改变，有些产业便可能获得超额利润。

长期指一年以上。在长期均衡中，经济社会有充分的时间根据社会需求结构调整资本总量以及有关产业的固定资本结构，有可能改变所使用的生产技术。总而言之，在长期之内，一切都可能改变，从而供给总量及其结构可以充分得到调整。所以，经济社会中不再存在超额利润，整个经济中的各类资本只能获得平均收益率。

资本市场便是依据经济分析中的"长期"概念界定。主要原因在于：期限在一年以上，筹资者方能运用所筹资金进行诸如建造厂房、购置机器设备等形成固定资产、扩大生产能力的活动，并形成企业资本金。货币市场显然只与即期均衡和短期均衡相对应。主要是因为期限在一年以内的融资活动，通常只能形成企业的流动资金，用于维持现有的生产能力，对资本的形成基本上没有贡献。

本书同意绝大多数人的意见，即通常，资本市场指一年期以上的各种资金交易关系的总和。资本市场既包括证券市场，又包括中长期的信贷市场。资本市场可分为广义和狭义资本市场。广义资本市场除包括证券市场和中长期信贷市场外，还包括非证券化的产权交易市场；狭义资本市场仅指证券市场。

2.资本市场的主要类型

对资本市场可以按照不同的标志划分为不同类别。这些标志一般包括金融工具的基本特征、市场范围、交易方式的公开性程度等。根据金融工具的流动性，资本市场可以分为信贷市场和证券市场。如前所述，发达的资本市场仅指证券市场，而不把信贷市场包括在内。但在发展中国家，信贷市场对长期资金的配置起到重要作用，研究发展中国家的资本市场，必须把信贷市场纳入进来一起研究。但最具代表性的资本市场发展，则仍然是证券市场的发展。因此，证券市场的发展，是资本市场发展最受人关注的现象。

对资本市场的分类，主要是对证券市场的分类。证券市场可分为发行市场和转让市场，分别称为一级市场（初级市场）和二级市场。需要融资购买厂房和机器设备的公司可在初级市场发行证券。在发达国家，这些证券并不是由发行者直接出售给公众，而是由经纪商或承销商间接销售给个人或机构投资者。

一级市场是股票和债券发行市场。二级市场则是证券的交易市场。股票和债券一旦在二级市场进行交易，其定价规则与其在一级市场相比完全不同。公司不能决定所发行的证券在二级市场的交易价格，但可通过公司的盈利能力或回购方式影响其变动。二级市场的存在是一级市场存在的条件，如果没有二级市场的存在，一级市场的证券则不能拥有众多的投资者。二级市场为投资者所购买的证券提供了流动性。

根据证券类金融工具的不同，资本市场可分为债券市场、股票市场和抵押市场等。债券市场分为公共债券和公司债券。在发达的债券市场中，公共债券一般包括国债、地方政府债券和政府机构债券。公司债券主要包括普遍债券、可转换公司债券、附有该公司股份优先购买权的公司债券等。在发达的市场经济国家中，股票市场是大公司进行外部融资的主要领域之一。

作为代表企业相应的所有权的股票，由于期限是无限长且收益有很大的不确定性，故在所有种类的金融工具中风险最大。因此，股票的流动性要求最强。抵押证券是一种由不动产——土地和建筑物作为担保的债务工具。在进行一般分析时，常常把抵押市场归入债券市场。

（三）资本市场的具体功能

在现代市场经济中，资本市场具有一系列功能，概括起来有以下几种：筹资功能、优化资源配置功能，引进产权制度功能等。正是因为资本市场有众多的重要功能，越来越多的人主张大力发展资本市场，以解决企业面临的一系列问题。

1.融通和筹集资金

从历史上看，资本市场最初的产生，是为了满足企业和政策筹集资金的需要。因此，筹资功能是资本市场最原始的，也是最基础的功能。在中国，资本市场的起步在一定程度上是由企业融资压力造成。企业遇到许多困难，其中资金瓶颈制约尤为突出，而依靠国有银行的间接融资已难以满足其资金需求。在这种情况下，资本市场应运而生，通过资本市场筹集资金以缓解国有企业资金瓶颈，已成为企业股份制改组上市最重要、最直接的目的。由近几年企业改革的实践表明，通过资本市场筹集资金对于缓解资金紧张确实起到积极的作用。

2.促进社会、经济资源的优化配置

在现代社会中，有两种基本的资源配置方式：由计划经济性质决定的中央计划配置方式和由市场经济决定的资本市场配置方式。在发达市场经济中，资本市场是长期资金的主要配置形式，其效果是比较好的。

我国长期实行计划经济，通过计划调配企业资源。在从计划经济向中国特色市场经济转轨过程中，由于新旧体制的摩擦，宏观调控不利，企业机制还未根本转变，导致盲目投资、盲目建设、盲目引进，产业结构、产品结构和企业结构都很不合理。调整我国不合理的产业结构、产品结构和企业结构必须通过资本市场，通过资本运营和资产重组实现。也就是，通过企业改组、联合、合并、发展企业集团及收购兼并方式实现。

企业资产重组需要付出成本和代价，最主要和直接的成本是资金成本。企业的债务重组、改组、并购、破产等需要大量资金，没有足够的资金支持，企业改革很难进展，但只靠国家提供资金是不能满足企业改革对资金的需求的，最有效的途径是通过资本市场，在资本市场上进行资本运营，通过产权、股权和债权等交易实现资产重组。资产重组过程是市场行为，必须通过产权市场完成；企业改组和并购所需资金，也需通过市场筹措。资本市场是中国企业改革的重要支持条件。

3.风险定价功能、提供资本流动性的功能和奖惩功能

风险定价具体指对风险资产的价格确定，反映资产所带来的未来收益与风险的一种函数关系，也就是金融产品以其真实价格在资本市场中实现转让。资本市场的定价功能在资本资源的积累和配置过程中都发挥着重要作用。一方面，决定风险资本的占有条件，只有能够支付得起一定风险报酬的融资者，才能获得资本资源的使用权，保障了稀缺的资本资源只流向对其使用效率最高的单位。另一方面，企业收益的自留和分配，部分反映对预期收益和企业风险资本在资本市场中的价格（股票价格）状况。对于获得超过平均利润率的企业，往往具有发行新股票的资格和条件，而低于一般平均利润率的企业，则要将其可用于投资的收益分配出去，以维持其现在的股票价格水平，或使其股票贬值。

投资者在资本市场上购买了金融工具以后，在一定条件下也可以出售。这种出售的可能性和便利性，称作资本市场的流动性功能。流动性良好的资本市场中，投资者的积极性会更高，他们也愿意持有更多品种的金融工具并可以根据市场变化和对市场变化的预期调整其投资组合。如果资本市场的流动性不高，投资者会被迫持有金融工具，直到该工具的到期日，可能是一个较长的时间段。在这段时间内，他们不能出售这些工具，无疑增大了投资者的投资风险。因此，流动

性的高低往往成为一个检验资本市场风险高低的重要指标。

奖惩功能是对资本市场的交易主体而言，主要是收益与风险的比较，即资本市场根据其市场规则，使收益高的企业或领域能够获得更多资金，不断扩充实力，而无收益甚至负收益的企业或领域，则无法从资本市场上得到资金的补充。

第二节 资产重组的定位误区与正确方向

定位的定义之一是把事物放在适当的地位并做出某种评价。

如前所述，资产重组是企业的一种交易行为。资产重组的定位是要确定这种交易行为在企业经营发展过程中的地位及其应该产生的作用，是指导人们从法律、会计等角度进行资产重组的理论与实践研究，是建立资产重组规范体系首先需要解决的问题①。

资产重组的定位旨在将资产重组各类事件的目的进行高度提炼，理性化为资产重组的一般目标。进行资产重组的定位研究必须辨析一般目标与具体目标之间的关系，需要找出各个重组案例不同具体目标之间的共同点，即资产重组应该达到的基本目标，但并不因此否认各个重组项目具体目标的合理性。事实上，只有在资产重组正确定位指导下，将不同重组个案的具体目标置于一般目标统御之下，并采取相应的重组手段，才能使资产重组个案达到理想的预期效果。

下面分析资产重组定位中常见的误区及其产生原因，并由此推导出正确的资产重组定位。

一、资产重组定位存在的误区

（一）误区一：摆脱企业困境

针对企业经济效益每况愈下的状况，资产重组被认为是解救企业困境的一项重大措施。这种认识的基本理念是：通过资产重组，可以用优势企业带动劣势企业，从整体上摆脱国有企业的财务困境，提高经济效益。在这种理念指导下进行的资产重组，实质上是将资产重组视为企业整体效益不佳这一特定条件下企业改革的一种措施，而不是为了优化资源配置而对企业边界进行调整的交易行为。

对资产重组的这种定位，不利于对国有企业现有症结标本兼治，而且无法使国家对市场经济条件下的企业运行进行合理调节和引导。其原因在于，如果仅仅

---

① 李俊华.浅析企业资产重组财务问题与对策[J].财会学习，2019，（28）：33-34.

是为了解除当前困境而不是为了优化资源配置，自然首先选择见效快，但资源配置并非最佳方案的重组手段，如此唯利的重组方式，极易诱发资产重组中的非理性选择。

一是以"圈钱"为目的进行"报表重组"。许多上市公司进行资产重组，是为了提高企业净资产收益率，从而能够在股票市场上通过配股方式进行再"圈钱"。根据财政部有关规定，资产重组中的购买日应以被购买企业的净资产和经营控制权的实际转移为准，同时必须获得股东大会批准；根据《中华人民共和国公司法》的规定，上市公司召开股东大会的通知必须提前一个月发布，这两个方面要求的统一，是上市公司如果要进行以操纵公司利润为目的的资产重组，并且在当年要体现利润，必须在每年11月30日前公布重组方案，而且必须做出召开股东大会的决定并发出通知。正是由于这个原因，每年11月30日前都是上市公司的资产重组公告集中公布的时期。

二是以扭亏保牌为目的进行"资格重组"。根据《公司法》第157条规定，上市公司最近3年连续亏损，国务院证券监管部门可以暂停其股票上市资格。根据沪深证券交易所有关规定，对连续两个会计年度亏损以及经交易所或中国证监会认定为财务状况异常的公司，要进行特别处理（即ST）。如果上市公司最近三年连续亏损，则要暂停其上市资格并作PT处理。随着近年来上市公司亏损企业的日益增加，ST队伍逐步扩大，并且PT股票的出现（目前沪深两市共有7家PT股票），使得上市公司，特别是ST公司为了避免成为PT公司，PT公司为了避免被摘牌而展开重组持久战。另外，根据原有债务重组规则，上市公司的债务重组收益允许计入当期损益，因而有不少上市公司通过此举达到"摘帽"或保配股的目的。

三是以拉抬股价为目的进行"题材重组"。近年来，利用资产重组题材拉抬股价达到在二级市场上获利的目的，已成为我国股市中一种比较普遍的现象。有关人士跟踪研究发现，无论是资产重组公告发布前还是发布后，二级市场对公司控制权的转让都存在明显的过度反应。这种以拉抬股价为目的的资产重组，一般具有三个方面的特点：①重组题材往往具有"爆炸"性。无论重组前的上市公司属于多么传统的产业，只要一进行重组，便立刻能够进行产业升级，科技、科教、科创等各种名目立刻冠上公司名称，市场题材也由此而生。②重组能够使不良资产大部或全部换成优良资产，公司业绩也能在短期内大幅抬升，并伴随有高比例的送配题材。③重组采取"暗箱"操作方式，上市公司的资产重组信息既不规范，也不透明。

四是以上市公司提供"回报"为目的进行"信用重组"。利用上市公司的"担保"或"回报"达到重组目的，是近年来上市公司资产重组中引人注目的现象。

应该说，近几年资产重组在上市公司中发生得比较频繁，为优化资源配置和公司长远发展起到十分重要的作用。但不可否认，实践中确有一部分公司将资产重组作为扭亏增效，维护净资产收益率10%或保牌的重要手段。因为所有上市公司都知道，上市资格的重要意义。如果来之不易的上市资格因为连续3年亏损而失去配股资格甚至被摘牌，是无论如何不能接受的。因此，无论对于企业本身，还是主要投资者，或当地政府，都希望千方百计保住壳资源，保证配股资格。对于业绩较差的企业，要在最短时间内使账面收益指标达到配股水平，最有效的方法莫过于通过资产重组产生的重组收益弥补亏损。

实践中出现的上述情况说明，将资产重组作为摆脱困境的措施主要弊端在于，将资产重组作为扭亏增盈的一种措施，容易诱导企业将资产重组曲解为报表重组，利用重组创造泡沫收益实现虚假脱困，不仅无助于企业长远发展，而且有可能诱发虚假的国民收入和虚假的财政收入以及一系列连锁反应，对国家经济运行产生不利影响。

（二）误区二：扩大企业规模

目前，我国的许多中小企业，还存在规模效益低下的问题。因此，有人认为，资产重组是实现规模效益的捷径，认为通过并购方式建立大型企业和企业集团，可以扩大规模并实现规模效益。不可否认，拥有一定数量的巨型企业作为国家经济支柱和跨国竞争的龙头十分必要。

在建立大型企业过程中，收购、兼并等资产重组方式是一项重要途径。从企业规模看，我国目前面临的问题是企业数量多，但中小企业占多数，由此引发的主要问题是社会资源浪费、总体效益较差。但是，上述现象的存在并不能说明通过企业合并就可以实现总体效益的提高，也不能将资产重组定位于扩大企业规模。

其一，扩大企业规模仅仅是特定环境下实现规模效益的手段之一，但并非在任何情况下都适用。从西方经济发达国家企业规模变化分析可知，通过资产重组扩大企业规模者有之，但通过资产重组分立企业者不乏其数。例如，美国电报电话公司就是分立的典型例子，微软公司一度曾面临分拆问题。为了保护竞争、反对垄断，英美等国的企业并购都受到反托拉斯制度的约束。

其二，目前，我国一些企业集团为了实现规模经济，将相关企业或上下游企业放在一个企业集团，以此将一部分市场行为内部化，实际上是将经济规模与规模经济混为一谈。在并购过程中，由于管理人员判断失误、并购公司和目标公司在经营、文化、价值观念方面的巨大差异可能使得预定的整合和重组目标难以实现。

其三，企业规模的扩张是一个渐进或持续过程，支持这一过程必须是扎实可靠、不断创新的管理体系。而实现规模和经营范围迅速扩大的企业，则要求企业有更为强大的整合能力作为支撑，包括生产与技术方面的整合能力、资金注入能力、管理控制能力等。如果并购对于整合要求超出企业能力，负协同效应产生，企业不但不能实现规模经济效应，反而会由于一项错误或草率并购受到拖累。如果在技术水平不变的情况下，t 倍的投入产生大于 t 倍的产出，则体现出规模效益。反之，若 t 倍的投入产生小于 t 倍的产出，或者说，$F(tk, tl) < tF(K, L)$，经济规模扩大会导致规模经济的下降。

其四，在新科技革命面前，小企业因其能够灵活地面对市场、富有创造力而显示出生命力，大企业如果没有一套完善的应变与调整机制，反而对市场变化反应迟缓而处于竞争劣势。由此可见，扩大企业规模并非资产重组中具有普遍意义的目标定位。

二、资产重组定位的正确方向：优化资源配置

资产重组的最终目的是通过优化资源配置，提高企业竞争实力和经济效益。企业效益不佳的原因很多，其中主要原因之一在于缺乏资产在企业间的合理流动和组合的重组机制。由于缺乏资产重组机制，资产无法脱离低效益企业而向高效益企业流动，无法提高资本利用效率。

对于企业领导者来说，由于缺乏资产重组机制，企业不存在被兼并、收购和控制股权的转让，因而也不存在领导班子改组的后顾之忧。这样，企业经营者缺乏提高效益的动力和危机感。由此产生的问题不仅在于单个企业效益低下，而且使宝贵的资本不能在社会范围内得到充分合理地运用，造成资本利用率整体低下，经济效益低下也就在所难免。

资产重组是在市场经济条件下进行资源配置和再配置的一个重要组成部分，对社会经济发展具有显著的积极作用。特别是对于股票市场，资产重组是实现规模经济和进行产业整合的必要条件。正常的和有效的资产重组，将有助于股票市场上优胜劣汰的竞争机制建立、健全和完善，也有助于促进产业结构向高级化的方向发展。

从我国目前情况分析，党的十九大报告指出："经济体制改革必须以完善产权制度和要素市场化配置为重点，实现产权有效激励、要素自由流动、价格反应灵活、竞争公平有序、企业优胜劣汰。要完善各类国有资产管理体制，改革国有资本授权经营体制，加快国有经济布局优化、结构调整、战略性重组，促进国有资产保值增值，推动国有资本做强做优做大，有效防止国有资产流失。"国有经济要在关系国民经济命脉的重要行业和关键领域占支配地位，其他行业和领域可以通过资产重组和结构调整集中力量，加强重点，提高国有经济的整体素质。积极探索公有制的多种有效实现形式，大力发展股份制和混合所有制经济，重要企业由国家控股。

从企业角度看，经济结构调整必然会带来大规模的企业资产重组。特别是20世纪90年代以来，随着经济全球化和信息技术的迅速发展，各国调整经济结构的速度加快，一场世界范围内的大规模企业结构整合正在深入进行。各种并购事件频繁发生，其数量之多、规模之大为历史罕见。无论是同类企业之间为了追求更低成本、更高效率而进行的联合，还是上、下游企业之间、经营内容不同的企业之间为了追求多样化、规模化而进行的收购或重组，大多是根据不同时期的资本市场、劳动力市场和其他市场（包括产品市场、服务市场、技术市场等）价格和供求情况，确定企业资产的最佳配置规模和配置结构。

从以上分析可以看出，无论是宏观领域还是微观领域，资产重组定位均在于资源的优化配置。从宏观角度看，是在国家宏观调控政策指导下的资产重组在于实现社会范围内调整经济布局、资本优化配置，提高资本的总体利用效果；从企业角度看，通过资产重组实现资本资源和管理资源的最佳匹配，谋求企业整体效益的最优化。

因此，资产重组是在市场条件下进行资源配置和再培植的一个重要组成部分，对社会经济的发展具有显著的积极作用。特别是对于股票市场，资产重组既是实现规模经济和进行产业整合的必要条件，也是股票市场上"用脚投票"机制全面启动的综合反映。正常和有效的资产重组，将有助于股票市场上优胜劣汰机制的建立和完善，也有助于促进产业结构向高级化的方向发展。

第三节　经济转型期企业资产重组问题及解决对策

在市场竞争激烈程度日趋白热化的当下，部分企业旧有的产业结构已不能适应当下市场经济的发展。为了更好地适应市场经济的发展，抓住新的企业盈利增长点，企业资产重组成为实现上述战略发展目标的主要途径。

一、在经济转型期内企业资产重组可能造成的影响

在经济转型期企业资产重组可能会造成的积极影响为两方面：

一方面，在企业生产经营层面上，企业资产重组工作的开展，实现了对企业现有产业分布结构、各项资源配置的整合，将各项资源重点投入企业所规划的战略发展方向中，从而依赖于高度集中的资源（如高精尖机械设备等），实现对企业主营业务方向所抢占市场份额的提升，以及企业经营收入的增长。

另一方面，在企业自身体量层面上，开展企业资产重组工作的企业往往普遍为缺乏市场核心竞争力的中小型企业，而这一类企业普遍面临着股权结构缺乏合理性、"一言堂"等问题，而企业资产重组工作的开展，不但优化了企业股权结构、组织管理体系，还吸收了新的企业投资，实现对企业总体资产规模与体量的扩大。

二、经济转型期企业资产重组面临的问题

（一）部分企业的资产重组认知出现偏差

在现阶段，我国部分企业所开展的企业资产重组工作过程中，普遍存在认知程度有误、对企业资产重组方向理解有误等问题。例如，在企业资产重组过程中，企业所有者与管理者更注重于对企业的生产设备、生产资料、劳动力以及可流动资产等"看得见"的企业资产进行重组，过于重视纸面数据，从而忽视了企业文化、企业社会影响系数、企业职工的归属感与向心力等无形资产。因此，在企业资产重组工作开展过程中，并没有实现对企业各项资源的全部整合。

在我国市场经济的发展阶段与经济转型期中，企业在生产经营过程中早已证实了一个结论，即对企业文化等软实力的提升，是企业提升核心竞争力的主要途

径与必由之路。因此，在一些企业所开展的企业资产重组工作过程中，由于对企业无形资产缺乏正确的认知，从而导致企业资产重组后，出现企业的实际核心竞争力并没有达到预期指数等一系列问题。

（二）政府治理开展过程中过多干扰企业资产重组工作

随着改革开放基本国策的实行，我国虽然在政府治理模式上，由传统的管控型政府治理模式逐渐转变为公共服务型政府治理模式，但是在市场经济发展层面上，仍旧存在一些地方政府相关主管部门过多干预市场经济的现象。回到企业资产重组问题本身层面上，上述问题的主要表现形式为，一些地方政府相关机构部门对于企业资产重组工作的干涉程度较高，并未遵循市场经济的自然发展规律。

除此之外，在企业资产重组过程中，往往存在重组、并购的企业为同一区域企业，因此跨区域企业合并与重组行为在我国较为少见，而这一问题主要由一些地区相关主管机构尚未放松政策限制，部分企业战略目光过于短视，更注重追求短期经济效益所致。

在现阶段，部分企业的主要改革与资产重组的目的为改善企业财务运营状况，避免在企业运营过程中出现各类财务风险问题。这一企业资产重组模式主要适用于部分经营不善的上市公司以及在同一母公司控制下两家子公司所开展的企业资产重组工作。相比较而言，这一类重组企业的主要目的为实现对企业财务状况的改善与吸收新的投资，并没有将转变企业生产经营模式与战略发展方向作为主要目的。这一类企业虽然在自身层面上实现了企业财务状况的改善与企业资产的提升，但是从长远企业发展角度而言，并没有对旧有企业所面临的发展与运营主要问题做到实际层面上的优化完善。

在市场经济总体发展层面上，上述阐述的企业与企业资产重组行为，也会降低市场经济总体结构的优化效率与产业结构的调整、产业链的总体升级，并由此造成大量企业资产闲置，从而制约市场经济的进一步发展。

三、经济转型期企业资产重组主要问题的解决对策

（一）完善企业资产重组理论体系，优化人才配置

一方面，在现阶段经济转型期我国企业资产重组开展过程中，存在各类主要问题的根源在于我国在企业资产重组领域起步较晚，尤其以私营企业所开展的企业资产重组工作缺乏参考借鉴相关理论体系与经验的问题最为严重。针对于此，应在市场经济整体发展层面以及国家层面上，各市场经济高级专业人才

第一章 绪 论

与相关机构，根据我国市场经济的实际发展情况与我国特殊国情，针对性开展企业资产重组研究工作，及早构建出规范化的企业资产重组流程。值得注意的是，对企业资产重组流程与相关理论体系需要开展长期、持续的研发工作，确保在不同市场经济发展阶段中，对旧有的企业资产重组流程体系进行适当的优化完善与调整。

另一方面，在企业自身层面上，所开展的企业资产重组工作存在诸多问题，其主要影响因素为：相关的经营管理类工作人员与财务人员的专业水平与综合素养低于岗位实际要求，使得所开展的企业资产重组工作受到较强的人为因素影响。因此，企业应注重提高对高级企业经营管理与财务会计类人才的招聘力度。

（二）在企业资产重组与市场经济发展层面，放宽市场管控权

在企业资产重组与市场经济发展过程中，政府相关主管部门对市场经济的管控力度过高，仍具有一定程度的优化空间，建议从以下两方面优化措施。

第一，在法律法规层面上，我国法律体系应根据现阶段市场经济的实际发展状况，以及企业资产重组过程中所面临的各类问题，具有针对性地出台相应法律法规，不但要提高对违法企业资产重组行为（如国有企业资产流失）的监管与执法力度，还要对符合市场经济发展规律、可刺激市场经济整体结构优化转型的企业资产重组行为加以政策扶持与法律法规的保护力度。

第二，政府相关部门应及时扭转旧有治理理念、适当放宽政策管控力度，明确自身在市场经济发展过程中所扮演的角色是服务者与引导者，避免出现过度干扰市场经济自身运行与企业资产重组的问题。

（三）企业提高对无形资产的重视程度

部分企业在企业资产重组过程中过于重视劳动力、固定资产等企业有形资产，而对于企业文化等无形资产缺乏必要的重视程度，使得企业资产重组后实际核心竞争力低于预期。

针对这一问题，首先，在企业资产重组过程中，企业应提高对企业文化、高级专业人才的企业向心力、企业凝聚力等无形资产的重视力度，并将企业的无形资产纳入企业资源整合中。其次，所开展的企业组织管理结构调整，应在企业无形资产旧有结构基础上进行科学合理的调整优化，确保在企业资产重组过程中，对于人力资源的整合力度以及保留程度得到极大地提高。

第四节　市场管理及其企业内部市场管理

一、市场管理概述

人类历史的发展过程是人类不断改善劳动手段，提高生产能力，不断满足自身需要的过程。在这种渐进的演化过程中，先后出现了几种社会形态。但无论在哪种社会形态下，相对于人类需求来说，资源都是有限的，如何使有限的资源得到充分利用，以满足人类不断增长的需求，是经济学研究的核心问题。市场管理则是研究不同市场构成要素在经济运行中的位置及所遵循的规则，以便各行其道，各司其职。

（一）市场管理的本质分析

市场管理是以整体经济利益为中心，调整市场供求、市场准入和市场行为中整体经济关系的统称。市场管理是随着市场经济关系的发展而发展，从总体上可以将其分为个体市场经济和整体市场经济两个发展阶段。

在个体市场经济阶段，并不存在专门的市场管理制度体系，市场管理主要是对市场主体行为的管理。市场组织形式主要是无形市场，以及直接经营市场客体的市场。管理制度也没有关于市场组织形式方面的具体规范，采取何种市场组织形式完全由市场主体自行确定。政府极少或不设立专门的市场监管机关，对市场行为的监督管理主要是政府法令或经济交往的风俗习惯。除市场主体准入管理制度外，没有其他市场准入管理制度。在市场行为管理制度中，除合同行为具有比较严格的法律约束外，其他市场行为并没有严格的行为规范进行约束和调整。

随着个体市场经济逐渐发展为整体市场经济，市场在社会经济生活中的地位越来越重要，不仅是不同市场主体实现市场客体供给与需求的场所，还是社会经济的重要运行场所，以及经济调节与控制的重要实施场所，客观地要求必须建立完善的市场管理制度体系，对各种影响社会整体经济利益的现象进行严格规范、调整和监管。建立起完善的市场组织管理制度体系，市场供求管理制度体系，市场准入管理制度体系和市场行为管理制度体系。政府设立相关市场经济调控机关，对市场供求规模和结构进行整体调节与控制。同时，设立专门的市场监管机关，具体负责各项市场管理法律制度的执行监管。

第一章 绪 论

（二）市场管理的目标分析

1.一般目标

进行市场管理是政府经济管理职能的具体体现。市场管理的一般目标是规范和维护市场秩序，建立统一的市场体系和保持市场经济有序运行。

规范和维护市场秩序是市场管理最基本、最直接的目标。市场秩序是各市场构成要素按照市场规则所实施的行为。不同的经济发展阶段以及不同的经济管理体制，所要求的市场秩序内容也不相同。

一般来说，市场经济越成熟，所要求的市场秩序越稳定。市场管理则要维护特定时期的市场秩序。因为市场秩序是市场运行的保障，是经济发展和市场秩序更新的前提。建立统一的市场体系是按照商品经济的内在规律，实现市场主体平等竞争，包括在一国国内实现不同经济成分、不同经济区域的政策统一、规则统一，严禁市场壁垒的超经济强制；在国际市场上，按照国际贸易惯例和统一的国际经济法规进行平等竞争，严禁贸易歧视和非关税壁垒等不正当竞争手段。

保持市场经济有序运行是市场管理的最终目标。市场经济良好运行需要依靠良好的市场秩序维系。因为不同的市场主体由于利益的出发点不同，在市场活动中经常发生利益的碰撞，会有各种干扰和冲突。为了避免因这些矛盾而引发市场运行的波动，需要按照市场规则进行市场管理，使市场主体在市场活动中有章可循，有规则可依，以保证市场经济有序运行。

2.具体目标

市场管理的具体目标主要有市场供求管理目标，市场主体、市场客体、市场准入的管理目标和市场主体行为的管理目标。

市场管理的第一个目标是通过各种市场供求管理制度，实现对整个社会市场供求的规范、监管和调控，以维护整个社会正常的市场供求秩序。从市场供求角度维护社会的整体经济利益，市场的供给与需求是实现各项经济目标的手段，也是市场管理的核心内容。只有市场供给规模与需求规模之间互相平衡，才能保证社会经济运行稳定；只有市场供给结构与需求结构相互协调，才能最终保证社会经济的正常运行；只有合理的需求规模与供给规模的不断增长，社会经济才能实现高速、稳定、协调增长。

市场管理的第二个目标是通过各种市场准入管理制度，实现对整个社会市场供求主体、市场媒介主体，以及市场供求客体的规范、调整和监管，以便能够为维护整个社会正常的市场行为秩序提供可靠的市场要素基础。

市场主体是市场经济的基本主体,市场主体的质量状况直接决定其市场行为状况。市场媒介主体是连接其他市场主体的桥梁,它们的质量状况,直接影响市场经济活动能否正常进行。市场供给主体与需求主体的市场行为对象,是各种不同经济和社会属性的市场客体,是各种市场经济活动的直接目标。因此,市场客体的质量状况直接决定市场秩序的状况。

市场管理的第三个目标是通过各种市场行为监管制度,实现对整个社会市场供给主体和市场媒介主体、各种市场行为的规范、调整和监管,以便能够维护整个社会正常的市场行为秩序。在全球经济环境下,市场既是不同社会主体实现市场客体供给与需求,满足其不同需求愿望的场所,也是经济运行和增长状况的综合反映,以及政府采取有效手段对其实施调节与控制的场所。

良好的市场环境不仅是保障市场主体供求目标能够得以实现的条件,也是保证政府市场调节与控制措施能够正常实施的条件,还是保障市场主体未来供给与需求行为得以顺利进行的条件。因此,必须对各主体的相应市场行为进行约束和规范。

二、企业内部市场管理

在我国国民经济中,国有企业在其中占据主体地位。要加强我国市场经济建设,就需要做好国有企业建设。虽然国有企业经历了不断改革,也取得了较大的成绩,但是依然面临一定困难。下面主要对企业内部市场管理的特征进行分析,以期能够为国有企业改革产生一定的借鉴作用。

（一）企业内部市场认知

企业是为了对所从事经济活动进行相应协调,以达到经济效益的最大化提升,经济利益各方需要通过相应的契约或者合同构成经济组织。形成企业的原因是为促使市场交易的费用有所减少,进而逐渐转变交易,将其转变至企业的内部。企业与市场存在着一定的差别,而这个差别主要是市场通过契约促使交易能够有效完成,然而企业则与之不同,企业是在权威作用下促使内部交易的完成。

应当看到,作为理性的"经济人",企业内部各经济体存在自我利益的追求,故此会存在一定的利益差别。在市场经济中,要对这些利益差别以及利益冲突进行协调,而协调的最好方法并不仅仅是内部权威,还需要企业内部各个经济体之间在交换时进行等价交换。因此,企业内部各个经济体通常会围绕与自己有关的利益,签订相应的契约进行内部交易,将产品进行交换,也可以交换服务。所以,在企业内部,实质上存在着市场条件。

企业在进行内部交易活动时,与社会市场的交易相一致,存在着三方面矛盾:①收入和成本之间的矛盾;②利益与风险之间的矛盾;③冲突与协调之间的矛盾[①]。故此,可以将其称为企业内部市场。如前所述,企业内部市场要顺利运转,并不能够只依靠权威的影响,而是要在两者的双重作用中使内部交易得以顺利完成:一是权威作用;二是企业自身作用只有对各经济体的利益进行协调,在内部引入市场手段,将内部资源进行合理配置,才能够获取最大化的经济利益。

(二)企业市场管理的特有目标

企业市场管理指在企业外部市场与企业内部市场并存的基础上,在企业管理中全方位地引入市场机制,对企业生产经营中所出现的一切问题,不论是经济方面的问题,还是文化方面的问题,都通过市场观点与手段进行分析。

企业市场管理有着其特有目标:

第一,将企业内部各经济体当作主体,并在其中建立相应的管理机制,以便让企业内部能够切实地感受到压力,从而对市场所存在的风险进行共同承担,进而形成一种新的合力,以适应市场变化。

第二,根据企业内部市场以及企业外部市场要求,在企业内部建立以下机制:①与外部市场相适应的环境;②有助于开展企业管理,进而使企业经营管理能力有较大程度地提升。

企业市场管理需要对以下企业制度进行确定:①企业在制定制度时要适应市场环境;②企业制度的制定要考虑人事的安排;③在制定制度时要考虑收益的分配;④在制定制度时要考虑企业的文化,使得内部经营管理秩序能够得到保障,继而使企业的经济效益得到提升。

(三)企业组织生产方式解读

随着时代变化与发展,企业组织生产的观念已经有了极大转变,企业组织生产再也不是根据指令性计划从事,而是根据市场需求组织生产,以下两种观念已经逐渐被广大企业管理者所接受,第一是成本观,第二是效益观。

从经济学角度来看,作为理性的"经济人",企业内部各经济体都存在对自身利益的最大化追求。如何协调它们相互之间的利益,使它们能够为实现

[①] 王吴歌.探析企业内部市场管理[J].农村经济与科技,2016,27(20):121+123.

企业目标而共同奋斗，是当前企业生产组织方式需要重点解决的一大难题。因此，在组织生产过程中，企业需要根据内部市场进行管理，建立一种"代理关系"，这种代理关系一定要符合内部市场特点。要使企业内部各经济个体实现各自利益，就必须实现企业利益最大化。就当前企业管理现状来看，主要做好两方面工作：一是对两种企业内部市场价格体系进行确定，即以内部产品转移为核心、以内部服务价格为核心；二是建立一套完善的用工制度，该制度要与市场管理方式相适应。

（四）企业内部组织结构建设

随着时代变化，企业的内部组织结构也有了相应变化。原来属于企业具有社会职能的机构，都脱离了与企业关系，这一方面是社会分工的标志，另一方面也是社会进步的标志。

企业的组织结构一定要适应时代变化，要符合企业在市场经济下的职能。在市场经济下，企业职能主要包括：一要提供满足市场需要的服务或者产品；二要促使自身利益的实现。因此，在建立内部组织机构时，首先，一方面要符合企业内部市场要求，另一方面更应该符合企业外部市场要求与发展。其次，要遵守成本效益原则。如果某机构所提供的服务（产品），其价格相比企业内部其他机构更低，或者说价格要比企业外部市场所提供的同类产品价格更低、服务更好，则这个机构就需要引起重视了。如果某机构所存在现实价值和潜在价值都难以弥补其运作成本，该机构就失去存在的意义了。企业的组织结构一方面要为企业提供必要的人力资源，以促进生产经营的顺利运转；另一方面要为劳动用工的引进提供依据，同时既要保证生产经营，又要讲究成本与效益。

一直以来，人们虽然提倡在解决当前企业所面临的难题时，运用市场观点。但是，市场观念究竟在多大程度上被用于企业内部的市管理，或者说是否有意识地被用于企业管理，解决企业在管理中所遇到的难题，在社会经济发展迅速的今天，已经成为每一个企业所需要重视的问题。

企业内部市场管理的提出，对我国企业具有重大影响，给企业提出了新的挑战与要求。要求在经营管理活动中，企业应当将市场观念引入其中，才能够解决企业所面临的困难，才能够取得更好的发展。

第一章 绪 论

第五节 市场管理的法律渊源探析

一、市场管理的法律关系解读

随着市场经济发展，市场管理的法律法规也相应建立起来。市场监管组织主要是根据市场管理法律法规依法实施对市场的监督管理。

市场管理法律关系是以法律形式确定的经济关系，是经济法律规范在调整经济行为过程中所形成的市场主体之间的权利与义务关系；是在社会市场经济活动中，通过市场组织、市场供求、市场准入和市场行为具体形成的经济法律关系。具体指市场经济法律规范所确认的，市场立法机关与监管组织，市场监管组织与普通市场主体，以及普通市场主体或媒介主体之间，在市场组织、市场供求、市场准入和市场行为过程中形成，具有权利与义务内容的各种整体市场经济关系，是市场管理法律属性的综合反映。

（一）市场管理法律关系的特征表现

市场管理法律关系的特征，指市场管理法律关系区别于其他经济法律关系的特殊属性，是正确认识市场管理法律关系的前提，是判断某项法律关系是不是市场管理法律关系的基本依据，是进一步认识具体市场管理法律关系的条件，也是进行具体市场管理法律关系研究的基础。

根据市场管理法律的本质属性和规范市场活动的客观需要，市场管理法律关系的特征主要表现在以下方面。

1.市场整体经济利益特征

市场整体经济利益特征，指只有严重影响整体经济利益的市场经济活动，才可能形成经济主体之间的市场经济法律关系。市场活动主要包括两种：市场个体经济活动、市场整体经济活动。调整市场个体经济活动的法律制度属于民商法律制度，只可能形成民商法律关系，不可能形成经济法律关系，更不可能形成市场管理法律关系。只有以市场整体经济利益为中心，调整市场整体经济活动的法律制度才属于市场管理法律制度，所形成的各种管理法律关系才能够成为市场管理法律关系。因此，市场整体经济利益是市场管理法律关系的基本特征。

2.市场活动监管关系特征

市场活动监管关系特征，指市场管理法律关系主要是市场活动监管关系。社会各经济主体之间的整体经济法律关系，通常包括以下两种基本情况：

一是整体经济业务活动的规范关系，即以法律形式规范各市场主体之间的能够严重影响整体经济利益的具体业务活动关系。

二是经济法律制度实施的监督管理关系，即以法律形式规范各市场主体之间的整体经济业务活动的具体监督管理关系。

在市场管理法律制度中，虽然对市场业务活动关系也有比较严格的规定，并且其规范的严格程度也不低于其他经济活动。但相对而言，市场管理法律主要规定的是市场监管组织与市场主体，以及市场监管组织与媒介主体之间的监督管理关系。

3. 市场管理法律活动特征

市场管理法律活动特征，指只有市场管理法律活动才能够形成市场管理法律关系，其他不受市场管理法律调整的市场经济活动，或者其他经济法律活动都不能形成市场管理法律关系。市场管理法律活动特征要求该活动必须表现为市场经济活动，并且这种市场经济活动必须直接受到相关市场管理法律制度的规范和调整，或者间接受到相关市场监管机关的依法监督管理，或者受到相关市场监管机关的依法调节与控制。否则，该市场经济活动不构成市场管理法律活动，也就不能形成不同市场经济主体之间的特定市场管理法律关系。

4. 法律关系内容综合特征

法律关系内容综合特征，指市场管理法律关系内容上综合程度要高于其他法律关系。主要表现在市场监管综合性和市场主体综合性两个方面。从市场监管综合性上来看，既包括有形商品市场，也包括无形商品市场；既包括普通商品市场，也包括劳动力等特殊商品市场；既包括商品服务市场，也包括金融资产市场。其监管组织既包括有形商品市场监管组织，也包括无形商品市场监管组织；既包括普通商品市场，也包括劳动力等特殊商品市场监管组织；既包括商品监管组织，也包括金融监管组织。从市场主体的综合性上来看，既包括市场供给主体，也包括需求主体；既包括市场组织主体，也包括媒介主体。因此，法律关系内容具有比较高的综合性。

（二）市场管理法律关系的构成要素

市场管理法律关系的构成，指某项市场管理法律关系所必须包括的基本构成要素。市场管理法律关系是市场主体之间的法律关系，没有市场主体就不可能产生市场法律关系；同时，市场主体之间只能是针对某种客观对象发生法律关系，没有特定的客观对象也不可能产生市场管理法律关系。此外，市场主体之间的法律关系必须有特定内容，没有内容也就没有经济法律关系。因此，市场法律关系主要包括法律关系的主体、客体和内容三个方面。

1.法律关系的主体

市场管理法律关系主体指参加市场经济活动，依法享有权利和承担义务的市场法律关系当事人。通常，市场管理法律关系的主体主要包括两种基本类型：一是各种组织形式的市场监管组织，即市场监管主体；二是各种组织形式的普通市场行为主体。其中，市场监管主体主要包括商品市场主体监管机关、市场客体监管机关和金融市场监管机关。它们的主要职责是按照法律规定的职能分工，分别对不同市场经济活动或质量状况实施专业监督管理。

普通市场行为主体，主要包括市场供给主体、市场需求主体和市场媒介主体。其中，市场供给主体是按照市场需求状况，向市场提供各种符合需求主体需要的市场客体；市场需求主体是按照其自身生产经营或消费需求，从市场上取得各种相关的市场客体；市场媒介主体是按照市场供给或需求主体的要求，为它们提供相关的市场中介服务，并以此向供求主体收取佣金或代理费用。

2.法律关系的客体

市场管理法律关系客体，指市场管理法律关系主体之间的权利与义务所共同指向的客观对象。客体是市场经济法律关系中不可缺少的要素，离开经济法律关系的客体，主体权利与义务则没有存在的基础。根据经济法律的基本原则和市场管理法律关系的特征，市场管理法律关系客体一般包括三方面：一是作为普通市场经济活动对象的商品，是市场管理法律关系中的基本客体，没有商品客体就不会产生其他市场客体和市场行为。二是由商品客体转化而来的各种金融资产，既是金融经济法律关系的客体，也是市场管理法律关系的重要客体。三是市场管理法律关系主体所实施的特定市场经济行为，也是市场管理法律关系的重要客体，是市场法律规定或主体之间约定必须实施的有意识活动。

市场管理法律关系中的商品客体按照其具体形态，主要包括有形商品、服务和其他无形商品；按照商品客体的经济属性，可以将其分为投资品和消费品。市场管理法律关系中的金融资产主要包括证券市场上的证券客体，外汇市场上的外汇客体，票据市场上的票据客体，货币金属市场上各种货币金属，以及其他金融市场上其他金融资产。

市场管理法律关系中的行为客体，按照各行为主体的不同性质，通常分为三种市场行为：一是市场管理法律立法机构的法律确立或者法律修正行为；二是市场监管组织的市场监督管理行为；三是市场供给主体、需求主体和媒介主体具体实施的市场主体准入行为、市场客体准入行为，以及市场信息行为、市场价格行为、市场交易行为、市场合同行为和市场竞争行为。

3.法律关系的内容

市场管理法律关系内容，指各相关市场管理法律关系主体在具体的市场经济活动中，依法享有的权利和应承担的义务。在此，权利指市场管理法律关系主体，依法作为或不作为，要求他人作为或不作为的资格；义务则指市场管理法律关系主体为了满足权利主体要求，必须依法作为或不作为的责任。通常由有关市场管理法律制度具体确定，或者由各方市场主体依法自行相互约定。市场管理法律关系中的合法权利与义务受法律保护，当义务主体拒不履行义务或者权利主体的权利受到侵害时，可以请求相关市场监督管理组织，或者司法机关依法采取强制措施，保障合法权利的实现和应承担义务的履行。

市场管理法律关系主体享有的权利主要包括四个方面：

一是市场管理制度的确立权与修正权，是相关市场立法机关及其授权立法机关的权利。

二是对市场经济活动的监督管理权，是市场监督管理组织及其授权的监督管理机构权利。

三是对市场业务的经营管理权，是市场组织主体所享有的按照有关法律规定，经营管理相关市场业务的权利。

四是市场客体的供求或供求媒介权利，市场主体依法享有提供某市场客体的供给，实现某市场客体需求，以及提供某市场客体供求中介服务的权利。

同市场管理主体所享有的权利相对应，也必须承担相应义务，这些义务同样包括四个方面，分别是市场管理法律制度的依法确立修正义务，市场经济活动的依法监督管理义务，以及各市场主体必须履行的依法经营管理义务，各供求和媒介主体必须履行的依法经营义务。

（三）市场管理法律关系的一般过程

市场管理法律关系是一种特定的整体经济关系，是由市场管理法律事实所引起。市场管理法律事实指市场管理法律制度规定，能够引起市场管理法律关系产生、变更与消灭的客观整体市场经济情况。按照市场管理法律事实是否包含当事人的主观意志，可以分为市场管理法律事件和行为两大类。市场管理法律事件是不以当事人主观意志为转移的法律事实，是由于出现市场管理，当事人取得了一定权利或应承担一定的义务。市场管理法律行为是市场经济主体的有意识活动，其当事人也能取得一定权利或应承担一定义务。

1.市场管理法律关系的产生过程

市场管理法律关系的产生，指由于出现一定市场管理法律事实，使特定的市场管理法律关系主体之间形成特定的权利与义务关系。可能由于某一种或几种市场管理法律事件引起，也可能由于某一种或几种市场管理法律行为引起，或者是由它们之间的不同组合共同引起。市场管理法律关系的产生，必须以一定法律事实为基础，有时某种法律事实出现能够产生市场管理法律关系；有时则需要多个法律事实同时出现，才能产生某种特定的市场管理法律关系。

通常，市场管理法律关系的产生需要具备四个基本条件：第一，必须出现足够充分的市场经济事实，或者实施足够充分的市场经济行为，否则不可能形成市场管理法律关系；第二，这些市场经济事实和行为必须对整体经济利益构成影响，否则不会与经济法律制度发生联系，不可能产生经济法律关系；第三，这些市场经济事实和行为必须是市场管理法律制度调整的事实和行为，否则不可能形成市场管理法律关系；第四，这些市场经济法律事实和行为，必须同市场监管机关发生直接或间接的联系，至少必须受到某市场监管组织的依法监督。

2.市场管理法律关系的变更过程

市场管理法律关系的变更，是由于某种新的市场管理法律事实或行为出现，而使原有的市场管理法律关系的内部构成要素发生变化。市场管理法律关系的变更通常是由三种原因引起：一是在没有外部影响条件下，原市场管理法律关系主体之间关系发生变化，从而导致市场经济法律关系发生变化；二是由于外部市场管理主体的影响，使原有各主体之间的关系发生变化，从而导致市场管理法律关系发生变化；三是由于市场管理法律制度的变化，使各经济主体之间所处的市场管理法律状况发生变化，导致原有市场管理法律关系发生变化。

市场管理法律关系的变更主要包括两种基本情况：一是法律关系内容的变更；二是法律关系的主体变更。其中，市场管理法律关系内容的变更，主要包括各法律关系主体之间某一项或某几项权利内容的变更,或者是某一项或某几项义务内容的变更,或者是权利与义务内容的同时变更。

市场管理法律关系主体的变更,主要包括两种基本情况:一是法律关系权利主体的变更,由于某种原因导致某市场管理法律关系之间的权利构成主体发生变化;二是法律关系义务主体的变更,由于某种原因导致某市场管理法律关系之间的义务构成主体发生变化。

3. 市场管理法律关系的消灭过程

市场管理法律关系的消灭,是由于某种新的市场管理法律事实或行为出现,而引起相关市场法律关系主体之间的权利与义务关系终止。市场管理法律关系的消灭主要可以分为三种基本情况:

第一,市场管理法律关系中相关对方主体灭失,这时仅余其中某方主体,则无法形成市场管理法律关系,从而导致这种特定法律关系的消灭。

第二,市场管理法律关系的内容得以实施,或者表现为权利主体所享有权利的实现,或者表现为义务主体所承担义务的履行,使经济法律关系的内容不复存在,从而导致这种特定法律关系的消灭。

第三,市场管理法律制度的变更,使其中某方主体消灭,或者使某方权利与义务内容消灭,使原有市场管理法律关系不复存在,从而导致各方法律关系的消灭。

二、市场管理的法律体系解读

市场管理的法律体系,是指市场管理法律制度自身的内部结构关系状况。研究的是在不同社会经济条件下,一个完整的市场管理法律体系所必须包括的法律制度内容体系,以及这些法律制度内容体系之间的内部构成关系,是建立完整的市场管理法律制度体系的基础,是正确理解各项市场管理法律制度的前提,也是全面了解市场管理法律制度体系的条件。

一个完整的市场管理法律体系通常包括四个基本体系,即市场组织管理法律体系,市场供给与需求法律体系,主体客体准入管理法律体系和市场主体行为管理法律体系。

(一)市场组织管理法律体系

市场组织管理法律体系,是指建立完整的市场组织体系所必须确立的法律制度体系。市场管理法律制度首先需要解决的是组织法律体系,只有建立了市场组织法律体系，各种市场经济活动才可能正常地进行；只有建立了比较合理的市场组织法律体系，才能保证市场经济能够按照经济目标的要求运行，才能从组织法律制度上保证市场经济活动的正常秩序，并进一步对整个社会经济运行和增长状况进行调节与控制。按照市场组织的不同层次，市场组织法律体系主要包括市场业务范围法律体系、监管组织法律体系和经营组织法律体系。

市场业务范围法律体系，是规定市场部门及其内部业务范围的法律体系。这个法律体系的内容主要包括市场部门业务范围制度、商品市场业务范围制度和金融市场业务范围制度。市场监督管理组织法律体系，是规定市场部门监督管理组织制度的法律体系，这个法律体系的内容主要包括市场监督管理组织的法律地位制度、监管组织的组织形式制度和市场监管组织的组织机构制度。

市场经营组织法律体系，是规定市场部门内部不同类型市场的经营组织制度的法律体系。这个法律制度体系的内容主要包括直接经营市场客体的市场组织制度，直接经营市场主体的市场组织制度，以及直接经营各市场媒介主体的经营组织制度。

（二）市场要素准入管理法律体系

市场要素准入管理的法律体系指建立完整的市场供求主体、市场媒介主体和市场客体的市场进入体系所必须确立的法律制度。市场供求主体和媒介主体是市场的普通行为主体，全部普通的市场经济活动是由这些主体完成。市场客体是普通市场主体实施市场行为的对象，是市场经济活动的直接目标。如果没有合格的市场供给与需求主体，则无法保证其市场行为的合理性，难以保障市场行为的公平与秩序。同时，市场客体是市场主体流通与融通的对象，没有合格的市场客体，不仅会引起市场自身的混乱，还会引起整个社会经济运行的混乱，不仅会影响市场功能的正常发挥，还会使社会经济活动目标难以从根本上得到最终实现。

按照市场要素的不同法律属性，市场要素准入的法律体系主要包括市场主体准入管理制度和市场客体准入管理制度。

（1）市场主体准入管理制度，是具体规定市场供给主体、需求主体和媒介主体准入的制度。具体包括市场主体准入的标准制度，市场主体准入的程序制度和市场主体准入的监督管理制度。

（2）市场客体准入管理法律制度，是具体规定市场的有形商品客体、无形商品客体，以及服务客体和金融资产客体准入的法律制度。具体包括市场客体的准入标准制度，市场客体准入的程序制度和市场客体准入的监督管理制度。

（三）市场供求状况管理法律体系

市场供求状况管理法律体系，是指建立完整的市场供给与需求体系所必须确立的法律制度体系。在市场经济活动中，市场管理法律制度首先需要建立的是市场供给与需求法律体系。市场经济的首要问题是市场客体的供给与需求状况问题。只有能够保持市场供求规模平衡，市场供求的结构合理，才能够保证社会经济的正常运行和稳定增长，才可能最大限度地实现各项经济目标。但是，只有建立了市场供给与需求状况调整的法律体系，才能对市场供求状况进行适当的调节和必要的控制。

按照市场供给与需求状况需要调整内容，市场供求法律体系主要包括市场供求总体规模管理、市场供求数量结构管理和市场供求空间结构管理。

（1）市场供求总体规模管理是从市场供给与需求总量出发，规定市场供求总体规模调控机制的法律制度。具体包括供求规模的产业调控、金融调控和财政调控管理。

（2）市场供求数量结构管理是从数量对比关系出发，规定市场数量结构调控机制的法律制度。

（3）市场空间结构制度是从空间分布状况关系出发，规定市场供求空间分布范围调控机制的法律制度。具体包括市场供给与需求空间结构的环境管理、诱导管理和壁垒管理，共同规范和调整市场客体在不同空间的分布。

（四）市场主体行为管理法律体系

市场主体行为管理的法律体系，指建立完整的市场供求主体和市场媒介主体的市场行为体系所必须确立的法律制度。主要包括市场主体行为管理制度，以及市场信息行为管理制度、市场价格行为管理制度、市场交易行为管理制度、市场合同行为管理制度和市场竞争行为管理制度。

（1）市场主体行为法律制度，是规定供给主体、需求主体和媒介主体之间，在实施某种市场行为过程中所享有权利和应承担义务关系的法律制度。具体包括市场供给主体权利义务制度、市场需求主体权利义务制度，以及市场媒介主体权利义务制度。

（2）市场信息行为管理法律制度，是规定市场主体信息行为规范的法律制度。具体包括市场信息行为资格制度、市场信息行为约束制度和市场信息行为的审核制度。

（3）市场价格行为管理法律制度，是规定市场主体价格行为规范的法律制度。具体包括市场价格行为方式制度、市场价格行为标准制度和市场价格行为约束制度。

（4）市场交易行为管理法律制度，是规定市场主体交易行为规范的法律制度。具体包括市场交易行为方式制度，以及现货交易行为方式制度和期货交易行为方式制度。

（5）市场合同行为管理法律制度，是规定市场主体合同行为规范的法律制度，具体包括市场交易合同的订立行为制度、合同履行行为制度和合同终止行为制度。

（6）市场竞争行为管理法律制度，是规定市场主体竞争行为规范的法律制度。具体包括市场竞争行为基本制度，公正合理的市场竞争行为保护制度，以及不正当竞争行为的禁止制度。

第二章 中国上市企业资产重组动因及其模式

公司重组是公司所有权、资产、负债和业务等要素的重新组合和配置，以及这些要素之间互相结合和作用方式的调整，是实现资源优化配置的手段。资产重组在西方已有近百年的发展历史，成为西方经济学中最活跃的领域之一。本章在分析中国上市企业资产重组动因基础上，剖析中国证券市场与资产重组的现存问题，解读中国上市企业资产重组的不同模式。

第一节 中国上市企业资产重组动因分析

公司资产重组的基本动因是为了改善公司经营状况，获取对社会存量资产最大的利益，只有做到环境—战略—组织三者协调一致、相互适应，才能更好地获取收益，求得生存发展。

对于现有企业，其组织类型、面临的环境、发展阶段及采取的战略具有差异性。因此，企业在重组活动中往往表现出不同的动因。

一是追求规模经济。企业是一个开放的系统，需要与外界不断交换资源与能量。企业处于动态的发展过程中，需要在动态发展中寻求新的平衡点，获得规模经济效益，而且这种规模经济效益不仅存在于生产领域，还存在于管理和市场营销中。从理论上讲，只要生产规模小于最优生产规模，才存在着资产规模扩大的经济合理性。

二是节约交易费用。现代企业的交易成本理论认为，企业运用内部行政组织协调机制配置资源较之运用市场机制进行交易的费用低。只要企业规模扩大，所发生的内部组织总成本低于市场交易费用，企业才有向外部纵向扩张以增加收益的动机。所以，一切有助于提高企业管理的技术变革，都将导致企业规模的扩大。

三是获取"范围经济"利益。通过资产重组获得"范围经济"利益的优势表现在：①通过收购可以迅速实现企业的某些目标；②企业通过收购其他组织成本，可能会低于内部新建成本；③通过并购实现增长或多样化经营，可能风险更小、成本更低或者获得经济合理的市场份额所需时间更短；④企业可以用证券获得其他企业，从而节约现金的支出；⑤收购企业可以有效利用资产或管理优势，实现对被收购企业的重组；⑥获得政府税收、偿贷方面的政策优惠。

四是谋求市场势力。企业间通过资产重组进行合并或联合，可以增强企业的市场地位，表现在采购、产品定价的谈判能力、获取信息的能力等，还可以达到减少竞争对手、增强对环境控制能力的目的，提高市场占有率，增加长期获利机会。随着世界经济一体化和竞争的升级，使得此种利益成为当今世界企业在追求规模经济、降低交易费用的扩张动机基础上，更为高级的重组动机。

五是追求经理效用最大化。当拥有决策权的经理认为通过资产重组可以更迅速、有效地满足个人效用最大化目标时，则会凭借其影响力促成公司重组活动的发生。所以，从经理的角度，非货币性个人效用追求动机对企业资产重组活动的进行具有推动作用。

六是政府推动。国家主要是通过间接性的政策调控手段影响企业市场环境的参数，保护和鼓励对社会有利的资产重组形式，限制或禁止有损于社会整体效益的资产重组形式。

从世界范围来看，随着各国对运用计划与市场两种手段综合调节经济生活的作用重视，政府在企业资产重组中扮演的角色日益重要，政府将通过体制选择、完善、政策制定等，影响企业重组的微观经营活动。

第二节　中国证券市场与资产重组的现存问题

一、中国证券市场现存问题

上市公司并购的大规模开展，离不开一个有序高效的证券市场。证券市场可以为进行并购交易对象提供合理的价格估计或价格参照；严格的监管制度可以保证价格估计的真实性；严密而又不失灵活的交易制度能够降低并购的操作成本。虽然，中国证券市场已经发展到一定规模，规范化程度也逐步提高，但目前就我国股票市场现状而言，还存在一些制约企业资产重组发展的不利因素，主要表现在以下方面①：

第一，资本市场规模过小，股本结构不合理，增加了资产重组的难度。截至2017年11月3日，上交所数据显示上海股票市场总市值33.34万亿、深交所显示深圳市场股票总市值24.16万亿，合计为57.5亿人民币；2016年中国GDP为74.41万亿，当前中国股市市值与GDP比为57.5/74.41=77.27%，资本市场总量还需继续扩张。但相对于总量的增长，结构优化对于市场发展具有更为重要的意义。普通股份的人为划分给上市公司资产重组增加了额外难度。社会公众股所占比例较低，使得股票的二级市场并购操作难上加难；法人股及国家股在市场上不能自由转让，价格难以确定。目前，上市公司的法人股，其发行价格比较高。由于持股成本高，法人股东不愿意以较低的价格转让所持股份。对并购方而言，由于法人股流通问题的解决是无法预测的，因而通过受让法人股实现并购有可能会使资金被套在法人股上，无法变现。

第二，股票市场缺乏支持重组的功能和手段。首先，大交易订单处理能力欠缺。要使股权收购成功进行，股票市场必须具有强大的大交易订单处理能力，即市场要为购买方寻找到大额的卖主，或者市场具有较大的容量，只要收购方给出合理的溢价报价，才能有效实现交易。在公众流通股以个人投资者为主体、市场投机性极强的我国股市，这种能力是相对缺乏的。其次，股票调换功能有待提升。股权收购在很多情况下是通过收购双方的股票调换实现，这一方式在我国还有待开展。最后，债券——股票转换功能欠缺。许多并购是通过收购企业发行可转换债券筹措收购资金，然后通过债券与并购方企业股票的转换清偿债券债务。在我国，对发行可转换债券实行计划额度管理，且审批程序烦琐严格，使得该种方式难以进行。

第三，投资银行发展滞后对上市公司资产重组的制约。投资银行是企业并购的中介机构，西方企业并购主要由投资银行策划完成，目前我国从事投资银行业务的金融机构主要是证券公司、信托投资公司及一些财务公司、金融租赁公司等。我国投资银行尚处于初创阶段，与真正的现代投资银行有一定差距，主要表现在：①从资金规模看，除几家较大的证券公司外，大多数资本在1亿元以下，一般只有几千万元。国际大型投资银行则拥有十几亿甚至几十亿美元的资本

---

① 李明来，张梦宇，张仪.中国证券市场现存问题与对策探究[J].经济研究导刊，2017（11）：127-128.

金。②从业务范围看，只有部分全国性证券公司可以从事国企的股份制改造、财务咨询、并购服务等，属于较典型的投资银行。其余的信托投资公司定位不明，有向商业银行转化的趋势。真正的现代投资银行特点是业务种类多、经营范围广，提供一切与资本资产有关的金融商品和金融服务。③从经营管理上看，除少数几家证券公司和信托投资公司外，大部分管理水平偏低，人员素质有待提升，经营方式和观念有待改善。真正的现代投资银行属于智力密集型产业，策略性服务以智力为支持，更接近于咨询业而非传统的金融业①。

第四，上市公司资产重组的配套政策不完善。财税制度、工商登记制度、社会保障制度不配套等，阻碍了企业资产重组活动的进行。银行信贷对企业并购的支持力度十分有限，在现阶段商业银行制度环境下，针对重组的长、短期信贷都难以获得。原因在于：一是我国部分银行没有能力参与企业并购和并购后对企业实施有效监督和控制，从而难以控制信贷风险。二是我国抵押贷款机制还不够充分有效，在产权市场尚不发达的条件下，对抵押物的处理也会给银行带来风险。

资本市场存在上述问题，阻碍了上市公司按照市场规肆进行资源配置功效的发挥，致使重组活动更多地带有政府干预色彩，制约了资产重组形式的选择和预期效果的实现。

二、资产重组中存在的问题与成因

（一）资产重组中存在的问题

在我国，大多数资产重组操作极其不规范。就目前现状来看，突出的问题表现在以下三个方面。

其一，以"圈钱"为目的进行"报表重组"。有些公司进行重组的目的是为了能够在股票市场上通过配股方式进行"圈钱"。这些公司重组后，新任大股东并不是花精力做好公司的生产经营，而是把上市公司当成"提款机"，想方设法掏空上市公司的资产，严重侵害了中小股东利益。

出于"圈钱"目的而进行资产重组，地方政府在重组中处于主导地位，协议收购中具有浓厚的非市场化因素，关联交易在重组中占有相当高的比重，是这种资产重组的突出弊端。目前，一些"报表重组"事件的暴露，如上市公司、中介机构制造虚假利润，部分传统绩优公司业绩的大幅滑坡以及二级市场股票操纵案等，使我国股票市场出现信用危机。市场经济是信用经济，作为市场经济皇冠的

---

① 高权生.企业资产重组中的财务问题研究[J].中国商贸，2015，（32）：45-47.

股票市场，更应该严格遵循信用秩序和信用原则。如果上市公司的招股说明书或年报、中报不能及时准确全面地披露信息，甚至有误导性陈述，将直接影响投资者的决策，给投资者造成重大损失。因此，股票市场的"公平、公开、公正"原则，其实质和要害是公信原则，弄虚作假、证券欺诈以及操纵市场实质上是对公信原则的挑战和践踏。

其二，以保上市资格为目的进行"资格重组"。根据《公司法》第157条规定，上市公司最近3年连续亏损，国务院证券监管部门可以暂停其股票上市资格。根据沪深证券交易所的有关规定，对连续两个会计年度亏损以及经交易所或中国证监会认定为财务状况异常的公司，要进行特别处理（即ST）。如果上市公司最近三年连续亏损，则要暂停其上市资格并作PT处理。随着近年来上市公司亏损面的扩大，上市公司特别是ST公司避免成为PT公司、PT公司避免摘牌而展开保"资格"大战，使得ST公司和PT公司日益成为资产重组的主要对象并且逐步形成ST板块。根据原有债务重组规则，上市公司的债务重组收益允许计入当期损益，不少企业都通过此举达到"摘帽"或保配股的目的。

其三，以拉抬股价为目的进行"题材重组"。近年来，利用资产重组题材拉抬股价达到在二级市场上获利的目的，已成为我国股市中比较普遍的现象。有关人士跟踪研究发现，无论是资产重组公告发布前还是发布后，二级市场对公司控制权的转让都存在明显的过度反应，以至于有人甚至做出这样的评价：在我国股票市场上，最不规范的是重组行为，最大涨幅的是重组股票，最有魅力的是重组题材，最名不副实的是重组资源。这种以拉抬股价为目的的资产重组，一般具有三个方面的特点：①重组题材的升级；②重组使不良资产大部分或全部换成优良资产，公司业绩在短期内大幅提升，并往往伴随有高比例的送配题材；③重组往往采取"暗箱操作"方式，上市公司的资产重组信息既不规范，也不透明，以资产重组行为在市场上左右股票价格变动。

（二）资产重组中存在问题的成因

上述三种资产重组行为，其实质是虚假重组。这些虚假重组行为之所以得以实现，有着深刻的体制根源和社会根源。概括起来说，导致虚假重组的原因主要有三个方面[1]。

---

① 石烁婷.试析经济转型期企业资产重组问题及解决措施[J].全国流通经济，2019，（17）：37-38.

第一，进行虚假重组有动力。对于重组方来说，在一级市场上花的钱，要在二级市场上拿回来，投在亏损企业里的钱，要在企业配股或增发以后拿回来；对于被重组方来说，进行重组，不但可以保证企业的上市资格和地位，而且管理者还可以实现个人利益最大化；对当地政府来说，支持资产重组可以避免上市公司破产，如果公司业绩得以提高，还可以增加税收，实现一举多得。

第二，进行虚假重组有途径。进行虚假重组不但可以进行虚虚实实的资产置换，而且可以通过不等价交换、无偿划拨或冲销债务，甚至进行资产评估等方式达到重组的目的，再加上上市公司资产重组的信息披露制度存在诸多可以钻的"空子"，使得各种虚假重组能够堂而皇之地进行并得以完成。

第三，进行虚假重组有条件。从政策角度来看，地方政府对资产重组的扶植力度一般比较大，在税收政策、土地价格、业务特许、债务本息减免甚至股权无偿划拨方面都有着比较大的选择空间，能够促成资产重组。从市场角度来说，资产重组已经成为市场广泛认同最具爆发力的题材，一旦重组得以进行，其市场价格空间将被迅速打开，可以顺利完成拉高出货的目的。

无论是企业还是投资者都十分热衷于资产重组，究其原因是企业通过资产重组，在短期内将报表利润粉饰或者通过改变经营主业制造市场炒作题材，达到短期获利的目的，而投资者及证券分析人员也偏重利用效益指标判断重组效果，而忽视对公司整体经营状况的综合评价，给各种虚假重组制造了发展空间，如果上市公司确实存在虚假信息时，为保持报表的平衡，必然只有几个指标得到改善，而不可能所有指标都得到改善。因而，有必要建立一套全面的、系统的指标分析体系，甄别虚假重组，也为企业和投资者提供一种全面、综合衡量各种资产重组成效的方法，避免单指标判断的片面性。

第三节　中国上市企业资产重组的不同模式解读

一、扩张型资产重组模式

扩张型重组意味着企业边界的扩大，通常表现为资产或股权合并与收购（简称并购）。按照交易费用经济学理论，并购在本质上是为了节省交易费用而进行的一种合约选择，只有当并购行为能够使管理上的协调产生，从而提高生产力、降低成本、增加利润时，并购才能成功。并购无论采取哪一种形式，都是管理上的协调代替市场机制的协调,其目的是为了节省交易费用。在内化市场交易的同时,必然产生额外的管理费用,只要增加管理协调费用小于节约的交易费用,企业才会有继续扩张边界的动力。当管理费用的增加与市场交易费用节省的数量相当时,边界趋于平衡。

按照重组手段,扩张型重组主要可以分为以下方式。

（一）收购兼并

收购兼并是扩张型资产重组最常用的方式,指任何一次由两个或两个以上实体形成一个经济单位的交易[①]。其中,兼并相当于我国《公司法》规定的吸收合并,是一个公司被另一个公司吸收,后者保留其名称及独立性并获得前者财产、责任、特权和其他权利。兼并完成后,前者不再是一个独立的经济实体。兼并包括两种方式：承担债务式兼并、吸收合并。

收购指一家公司购买另一家公司的股票或资产,以获得对该公司本身或资产实行控制权的行为。收购的对象分为两种：一是收购股权,即收购另一家公司的股权或发行在外的股份;二是收购资产,即购买目标公司的资产。由于兼并和收购交易的性质相似,兼并相当于全资收购,所以在实务中,人们并不十分注重对两者的区分。

（二）联合

联合指两个或两个以上企业通过合并同时消失,而在新基础上成立一个新企业,由新成立的企业接管原来各企业的资产和业务。这种方式相当于我国《公司法》规定的新设合并。从理论上讲,企业规模越大,抗衡风险的能力越强,在市场竞争中越容易取得优势地位。因此,企业通过联合达到扩张资产规模组建企业集团,通过各企业在技术、产品、管理水平、资金运筹等方面的联合,相互取长补短,共同享受资产重组带来的好处。

（三）托管

托管是企业实现间接扩张的重组方式。具体来讲,托管是企业法人财产权以契约形式所做的让渡,即委托方的企业通过契约的约定,在一定条件与一定时期内,将本企业法人财产让渡给受托方,从而实现财产处置权的有条件。也就是说,受托方通过契约形式,才能有条件接受受托管理和经营委托方的资产,以有效地实现受托企业资产的保值增值。在资产重组业务中,受托模式被作为关联方

[①] 张虎春.企业资产重组研究[D].南京：河海大学,2002：15-40.

企业之间重组资源或转移利润的一种有效手段。

其常见的操作步骤如下：

第一，由一个业绩不良、丧失配股资格的上市公司托管集团内部优质资产或其他业绩良好的经营实体。

第二，上市公司获得被托管资产带来的效益以及预先约定的托管费，使上市公司的经营业绩得以提高，获得配股资格。

第三，上市公司进行配股集资。

第四，以配股所募集的资金向集团公司收购被托管的资产。

由此，上市公司获得被托管的优质资产所有权，扩大企业边界，而集团公司也完成向上市公司注入优质资产，达到借壳上市的目的。

二、收缩型资产重组模式

企业收缩是与企业并购相对应的重组形式，是把企业拥有的一部分资产、子公司、内部某一部门或分支机构转移到公司之外，从而缩小公司规模。作为对西方20世纪60年代混合并购浪潮反思的结果，企业收缩战略于20世纪80年代应运而生并迅速成为一种新兴的资本运营方式。从20世纪60年代至90年代初期，各国企业界纷纷采用多元化发展思路，认为多元化经营可以有效分散投资风险，发掘新的市场，稳定企业现金流量，增强企业竞争能力，企业界大都运用兼并手段实现并购，跨行业重组以进行多元化经营。

从重组的实践看，通过并购而获得迅速成长的企业为数可观，但并购后因缺乏对新业务领域的管理经验而影响企业整体盈利水平，甚至使企业经营处于颓势的也不乏其数。作为反思的结果，许多企业开始有计划地放弃与本行业联系不甚紧密、不符合公司长远发展的战略、缺乏一定成长潜力的业务和资产，收缩业务战线，培植主导产业和关联度强的产品，加强企业竞争能力。20世纪90年代中后期，企业收缩战略逐渐在我国资产重组实务中得到运用。

按照重组手段，收缩型资产重组方式主要分为以下几种。

（一）资产剥离

资产剥离指公司将其现有的某些子公司、部门、生产线、固定资产等出售给其他企业，以缩小企业规模，提高资产质量和经营效率，并取得现金或有价证券的回报。被剥离的资产可以是流动资产、固定资产，还可以是整个子公司或分公司。资产剥离不仅使企业的部分不适用资产得到处置，还能够取得等值的现金或有价证券,并为企业介入新的经营范围提供契机。

(二)公司分立

公司分立指一个公司通过将母公司在子公司中所拥有的股份按比例分配给现有母公司的股东,在法律和组织上将子公司的经营从母公司的经营中分离出来的一种形式,从而形成一个与母公司有着相同股东的新公司。

分立与剥离主要区别在于,在分立中不存在涉及各利益主体之间的现金或证券支付,而这种支付在剥离中通常会发生。

在实务中存在两种分立情况,一种情况是被分立的企业消灭,而产生几个新的企业法人;另一种情况是被分立的企业仍然存在,而衍生出一个或几个新企业法人。根据我国《公司法》规定,公司分立其财产应作相应分割,分立前的债务按照达成协议,由分立后的公司承担;公司减少的注册资本不得低于法定的最低限额。

(三)股票回购

股票回购指股份有限公司按法定程序办理减资手续后购买本公司发行在外的股票。通过股票回购,股份公司达到缩小股本规模或改变公司资本结构的目的。

股票回购的两种基本途径:一是公司运用现金按协议价或市场价购买本公司的股票;二是公司在认为资本结构中股本太高的情况下,通过以发行债券的方式筹集资金,并用该笔资金购买本公司的股票。由于我国实行注册资本制,公司重新取得或购回本公司已经发行的股票受到严格限制。公司非因减少资本等特殊情况不得收购本公司股票,也不得库藏本公司已发行股票。有特殊情况需要收购库存本公司已发行股票者,必须报请有关部门批准后方可进行。

三、整合型资产重组模式

整合型资产重组指企业通过资产、产权的置换,或两者兼而有之的方式配置资源的交易行为。由于置换是按照等价交换原则进行,置换前后的资产、产权数量不应该发生变化。但是,在整合过程中,许多上市公司利用壳资源优势,用劣质资产置换优质资产,使得置换前后的资源结构、经营方式和规模等发生很大变化。由此,导致置换之后的企业经营能力增强,盈利能力好转。尽管置换前后企业账面价值相等,但是实际价值,即企业未来收益的现值有所提高。从广义上讲,置换也导致企业边界的实质性扩张[①]。

---

① 梁红军.企业上市前期资产重组中财务整合[J].财会学习,2019,(33):66,68.

如前所述，资产重组的对象是公司所掌握或控制的经济资源。这些经济资源一方面表现为不同形态的资产，另一方面表现为价值形态的产权。所以，资产重组和权益重组相辅相成，互为依托，互为因果。大多数资产重组都伴随着权益的变动，反之亦然。即使是单纯的权益置换，其目的也是通过置换达到改进企业盈利能力和财务状况，从实质上扩张了企业边界，可以认为权益置换也应该属于整合型资产重组的重要组成部分。

按照重组方式的不同，整合型资产重组可以分为以下四类。

（一）资产置换

资产置换是企业通过相互交换资产实现企业资产结构优化的一种资源配置方式。如前所述，我国部分上市公司存在通过资产置换操纵利润的行为，使得利用资产置换实现扭亏为盈成为我国上市公司企业重组的一种特殊形式。其运作多是上市公司与其背后的集团或大股东通过协议将全部或部分劣质资产剥离出去，并由大股东或集团重新注入优质资产，力图从根本上改变上市公司的资产结构和盈利能力，或者上市公司将不良资产或闲置资产与母公司或有借壳倾向的公司优良资产进行置换，以改变企业的盈利能力或财务状况，甚至改变公司的盈亏状况。

我国上市公司发生的资产置换业务，多是地方政府及新的控股股东将自己原有的优质资产直接或间接地换取上市公司积淀下来的劣质资产。显然，资产置换一般是非等价交易，这种非等价交易是由政府推动。政府或者以行政手段强行将其他国有企业的优质资产注入上市公司，或者对不愿意承受这种"非等价交易"的企业（特别是民营企业）进行其他方面的补偿，如税收优惠、土地价格上的优惠、业务的特许，等等。

按照置换的操作方式，资产置换分为以下两类：

（1）单纯的资产置换。上市公司以其部分劣质资产与大股东，或集团，或关联公司的部分优质资产进行等价交换，表现为以一批流动资产和固定资产为代价取得另一批流动资产和固定资产。这种交换不涉及股权变动，只是出资者在其拥有控制股权的企业间进行法人财产权的调整。

（2）伴随股权变动的资产置换。上市公司以自己的附属公司或子公司同集团的附属公司或子公司进行置换，表现为上市公司以一项长期股权投资换取另一项长期股权投资，或者上市公司以自己的固定资产与集团的附属公司或子公司进行置换，表现为上市公司以固定资产换取长期股权投资。这种资产置换的客体不仅限于资产，而且涉及与资产相联系的负债和股权。在我国近几年的资产置换案例中，大多数是伴随股权变动的资产置换。

（二）股权转让

股权转让指购并公司根据股权转让协议受让上市公司的部分股权，从而成为上市公司股东或控股股东的行为。股权转让的结果是企业因大股东转让股权而易主，是企业股权分布结构的改变。股权转让后，企业依然是一个独立的法人。从近几年来的资产重组实践看，股权转让在我国是发生频率较高的资产重组方式。

股权转让有四种情况，即社会公众股转让、法人股股权转让、国家股股权转让和控股股东变更。由于我国企业（尤其是上市公司）特殊的股权结构，决定股权转让主要是国有股和国有法人股的转让。

（三）债务重组

债务重组指在债务人发生财务困难的情况下，债权人按照其与债务人达成的协议或法院的裁定做出让步的事项。不同的债务重组手段都不同程度地涉及资产重组和权益重组，其中影响最大的是债转股，即将企业的对外负债转化为企业资本。在这种债务重组形式下，企业债务性质发生了根本性变化，企业负债减少，而股本增加。企业的资本结构发生重大改变，这种改变对企业经营决策制定、财务状况的改变、利润的形成和分配都会产生明显影响。债务重组不会给企业带来现金流入，而是减少企业现金、劳务和其他可支付资产的流出。

（四）买壳借壳上市

买壳上市是非上市公司通过收购上市公司，获得上市公司的控股权之后，再由上市公司收购非上市的控股公司实体资产，从而将非上市公司的资产注入上市公司中。借壳上市指集团公司将其旗下部分优质资产分离出去改造上市，然后将其资产逐渐注入上市公司中。

从实际情况来看，买壳借壳的非上市公司，由于自身主营业务、买壳借壳中采取的方式、买壳、借壳方对壳公司进行的整合内容有较大差异，使得买壳借壳这一特殊的资产重组方式又表现出多样性。一般而言，买壳借壳的实行，往往是资产置换、股权置换、债务重组等各种重组手段的综合运用和延伸发展。

第三章　中国上市企业资产重组绩效评价与建议

作为企业资源重新配置的一种手段，上市公司资产重组一直是我国证券市场乃至整个国民经济中值得关注的事项。本章围绕企业资产重组绩效的衡量方法、中国上市企业资产重组绩效评价、规范中国上市公司资产重组的政策建议展开论述。

第一节　企业资产重组绩效的衡量方法分析

一、衡量企业资产重组绩效的事件收益法

事件收益法是指通过分析某一特定事件发生前后证券市场价格的反应，检验是否存在超常收益的一种实证研究方法。该方法由法玛、费雪、詹森和罗尔发表于1969年2月《国际经济学评论》上的《股票价格对新信息调整》一文里所提出，后来被学者们广泛采用，成为证券市场实证研究的主要方法之一。事件收益法没有统一的结构和格式，一般包括事件定义、样本公司选择准则、事件期的选择、超常收益率的计算等步骤。

事件收益法是目前在欧美国家成熟的证券市场中，普遍应用分析股东财富效应的研究方法。事件收益法具有财务分析方法所不具备的独特之处。

第一，对上市公司股东而言，股票价格和分红派息是直接关系到股东的最终收益。企业经营业绩的改善并不一定给股东带来直接好处，特别是对于我国证券市场中的广大中小投资者，通过股票价格上涨获得直接的资本利得，是他们主要的盈利来源和盈利目标。

第二，资产重组事件发生后的股票价格超常变动，反映投资者对重组事件的预期和看法。如果投资者认为资产重组会给企业带来正的效应，他们会买入股

票，从而使股票价格出现正的异常波动。所以，通过资产重组后的股价变动，可以看出投资者对资产重组的看法。

第三，不同年份资产重组事件发生后的股票价格超常变动，反映投资者对资产重组绩效的看法变化。

事件收益法具有财务分析法等其他研究方法不可代替的独到之处。但事件收益法并不是一个完美的分析方法，因为其要求被研究的证券市场满足有效证券市场的前提条件，而新兴证券市场一般达不到有效市场的要求。此外，影响股票价格的因素，如二级市场操纵和内幕交易等影响结果的准确性。除此之外，在我国目前公股不能流通的情况下，股价变化对非流通股股东无意义。因为非流通股的转让价格是以每股净资产为基础制定，与股票的二级市场价格基本没有关系。

二、衡量企业资产重组绩效的财务分析法

财务分析法是根据企业所公布的财务报告，对重组前后不同时期的会计数据进行对比分析，比较重组前后会计指标或财务指标是否得到改善，由此分析企业资产重组的绩效高低。

（一）财务分析法的优点

相对于事件收益法而言，财务分析方法还有以下重要优点[1]。

第一，财务分析方法能够反映企业的经营状况变动，是一种事后评价。事件收益法是建立在投资者对企业预期变化导致对股票价值的重新评价基础上，如果事与愿违，重组后的整合达不到预期效果，股价变动则不能反映企业并购效果。

第二，事件收益法更多地受到证券市场效率的制约。因为事件收益法建立在股票价格变动衡量企业经营业绩变化基础上，如果股票价格变动不能反映企业经营业绩变化，那么股票价格变动将不能衡量企业财富变动。该方法的使用前提是证券市场要有效率。因此，在新型证券市场中使用事件收益法受到一定程度制约，而财务分析方法不受到证券市场效率制约。

第三，事件收益法只能表明股东财富的变化，而不能反映在企业中，如企业员工、债权人等其他利益人的利益变化。研究表明，企业员工利益与企业经营之间的关系超过股东利益与企业经营之间的关系，原因是股东更容易从一个企业转移到其他企业（卖出股票）。

第四，在中国证券市场中，国有股和法人股不能流通，流通股的价格变化对

---

[1] 郭文，陈博.企业资产重组中的会计问题研究[J].商场现代化，2019，（7）：125-126.

这些股东不会有较大影响。国有股和法人股的转让价格是更多地基于每股净资产而不是流通股价格。

综合分析两种方法得出：事件收益法的一致性较好，但是这一指标容易受到干扰，准确性较差，而一般的财务指标，准确性高，但是通过公开信息获得的财务指标对重组事件反应的一致性较差，甚者一些重要的财务指标容易受到操纵，失去精确性。

（二）财务分析法的缺点

财务分析方法的主要缺点在于，受财务指标准确性的影响较大。一个观点认为，我国上市公司会计指标的可信度较低，是因为近几年不断出现的虚假会计报表案。但近期的实证研究证明事实并非如此糟糕。一方面随着监管力度的加大，上市公司会计报表的真实性正在增加；另一方面，虽然我国上市公司会计报表有一定的虚假成分，但上市公司的报表盈余数字具有很强的信息含量，基本符合财务分析要求。同时，任何会计报表的操纵只能是暂时的，如果给予足够长的会计期间，企业业绩的变化最终都会反映到其会计报表中。

在使用会计指标评价上市公司业绩状况时，遇到的问题是单一指标无法反映上市公司的整体经营状况，而采用多项指标又不具有可比性，更无法进行不同年度之间的比较。目前，解决此类问题的主要方法是财务状况综合评价法。该方法是以财务指标体系为基础，对企业财务状况进行的综合分析。通常的分析方法有：直接加权平均法、沃尔评分法、功效系数法、AHP法、模糊分析法等。但这些财务分析方法普遍存在信息重叠和主观赋权等不足之处，而主成分分析法能够较好地解决以上不足，使得分析结果更加科学合理。

主成分分析的主要特点是对若干个指标提取公因子，再将每个因子的方差贡献率作为权数与该因子的得分乘积之和构造综合得分函数，便可以进行比较和评价。

第二节　中国上市企业资产重组绩效评价研究

资产质量是上市公司保持可持续发展的根本。上市公司经过资产重组后，即使盈利能力暂时没有得到明显提高，但只要其资产质量得到实质性提高，其盈利能力今后必然会得到显著性改善，可以认为这类资产质量得到实质性提高的资产重组是成功的。但不同的资产重组方式，其重组主体、重组动机和重组过程存在较大差异性，使得资产重组方式在分析上市公司资产重组绩效时起到重要作用。因此，在分析上市公司资产重组绩效时，除了要采用共性的分析方法外，还要对不同的资产重组行为采用特性的分析方法。

如前所述，按照上市公司资产重组特点，可以将资产重组行为分为对外并购扩张型、股权转让型、资产剥离与股权出售型、资产置换型等类型。

一、中国上市企业资产重组绩效的共性分析

从共性角度来看，如果上市公司经过资产重组后资产质量得到改善，即使其盈利能力暂时没有获得明显提高，由于该公司获得可持续发展的潜力，盈利能力今后也会取得显著性提高，仍认为该上市公司的资产重组是成功的。某些上市公司经过资产重组后，尽管其盈利能力可能取得一时性提高，但其资产质量却发生了实质性恶化，失去了可持续发展的保障，仍认为该上市公司的资产重组是失败的。

因此，从共性角度分析上市公司的资产重组是否取得成功，主要是看其经过资产重组后资产质量是否取得实质性的提高，而盈利能力是否取得显著性提高，则不是主要的[①]。

本书认为，从财务报表来看，可以从以下三个方面反映上市公司的资产质量。

第一，我国上市公司的负债状况普遍过高，而且债务结构不合理，资产重组上市公司资产质量的提高，应该表现为上市公司经过资产重组后长期和短期偿债能力得到的显著性提高。通常，可以用股东权益比率和流动比例分别反映上市公司的长期和短期偿债能力。通常，这两个指标越大，上市公司的偿债能力越强。

其中：

股东权益比率=期末净资产/期末总资产

流动比率=期末流动资产/期末流动负债

第二，上市公司经过资产重组后，资产质量的提高也应该表现在上市公司资产管理能力的提高。资产管理能力反映上市公司在资产方面管理的效率。富有成效的资产重组能够提高上市公司在资产方面的管理能力，对此可以用应收账款

---

① 郭丹丹.不同重组类型企业资产重组绩效的实证分析[J].商业会计，2012，（3）：49-51.

周转率、总资产周转率和存货周转率三个指标反映上市公司在资产方面的管理能力。应收账款周转率、总资产周转率和存货周转率越大，上市公司资产管理能力越强。其中：

应收账款周转率=主营业务收入/期末应收账款净额

总资产周转率=主营业务收入/期末总资产

存货周转率=主营业务成本/期末存货

第三，由于目前不少上市公司在资产重组时存在"利润包装"色彩，经过非"利润包装"的实质性资产重组上市公司一次性的非主营收入在总利润中应该占较小比重，而且上市公司的主营业务盈利能力应该得到明显增强。对此，可以用主营业务鲜明率反映一次性非主营收入在总利润中所占比重情况。

通常，主营业务鲜明状况越大，一次性非主营收入在总利润中所占比重越小。另外，用主营业务利润率反映上市公司主营业务的盈利能力。其中：

主营业务鲜明率=（营业利润-其他业务利润）/利润总额

主营业务利润率=主营业务利润/主营业务收入

表3-1列出反映上市公司经过资产重组后资产质量是否得到实质性提高的评价指标体系[①]。

表3-1 上市公司资产重组绩效评价指标体系

		指标名称	计算公式
上市公司经过资产重组后资产质量是否得到实质性提高的评价指标体系	偿债能力	股东权益比率	期末净资产/期末总资产
		流动比率	期末流动资产/期末流动负债
	资产管理能力	总资产周转率	主营业务收入/期末总资产
		存货周转率	主营业务成本/期末存货净额
		应收账款周转率	主营业务收入/期末应收账款净额
	主营业务鲜明状况和主营业务盈利能力	主营业务鲜明率	（营业利润-其他业务利润）/利润总额
		主营业务利润率	主营业务利润/主营业务收入

由于上述三个方面的七个指标都是从一个方面反映上市公司的资产质量状况，在具体确定上市公司经过资产重组后是否取得成功，需要综合这些指标提供的信息，对这些指标进行综合评价后才能确定。

假定要考察某年进行过资产重组的上市公司资产质量是否取得实质性提高，分析步骤如下：首先，分别根据上一年底之前上市的沪深两市所有上市公司当

[①] 吴莉，胡基学.中国上市公司资产重组绩效评价[J].当代经济，2015（34）：52-54.

年和上一年7个指标的数值，采用统计上的主成分分析方法对每个指标赋以适当权重。其次，把赋以权重的指标值相加，得到每个上市公司的综合得分。再次，根据综合得分对上市公司进行排序，得到每个上市公司资产质量综合评价得分名次。最后，若某资产重组上市公司在所有上市公司中当年的得分名次处于上一年得分名次前列，则该上市公司的资产重组取得了实质性成功；若某资产重组上市公司在所有上市公司中当年的得分名次处于上一年得分名次之后，通常认为该上市公司的资产重组是失败的。

二、中国上市企业资产重组绩效的特性分析

不同的资产重组方式，其重组主体、重组动机和重组过程都存在较大差异，因此在分析不同资产重组绩效时需要考虑这种差异。

上市公司通过对外并购扩张，主要是为了解决规模经济、产业结构和产品结构不合理等问题，使存量资产得到优化重组和配置。因此，在考察上市公司对外并购扩张的绩效时需要考虑并购扩张后产业链是否得到优化，产业结构和产品结构是否比较合理，特别要考察公司的管理能力是否得到真正加强，只有这样，才能产生"1+2"效应。另外，有些上市公司对外并购扩张带有"行政"色彩，或是在政府部门安排下收购不良资产，或是在大股东的特意安排下收购大股东的资产，在分析这种资产重组绩效时需要分析上市公司收购这些资产后是否能够很好地进行本身资产与收购资产整合，收购后的资产是否具有可持续的盈利能力。

股权转让不涉及资产转移，但新股东入主上市公司必然带来新的经营理念和管理方法，在分析这种资产重组的绩效时，需要考察股权转让后上市公司高层管理者的变化和新股东新的管理理念，同时密切注视新股东是否准备对上市公司进行注资，若准备进行注资，需考察注入的资产规模、盈利能力以及与上市公司原有资产的可能整合情况。

资产剥离与股权出售这种资产重组方式中，一般存在较大的一次性收益，关联交易的成分比较多，在分析这类资产重组绩效时需要考虑一次性收益的公允性，剥离不良资产收缩战线后是否真正调整投资结构，考察不良资产剥离后其经营性资产是否真正得到较大的突出和加强。若仅仅是为了突击进行财务报表的包装，该种资产剥离并不是成功的。

资产置换主要发生在上市公司和其控股公司之间，是一种关联交易，所以在考察这种资产重组方式绩效时，需要分析置换进来的资产与置换出去的资产公允

价值是否等值，置换进来的资产是否具有可持续的盈利能力，能否与原有资产保持较好的整合，资产置换后的公司经营机制是否得到明显加强。若资产置换并未触及亏损或绩差上市公司的经营机制问题，使得亏损和盈利能力差的资产本身并未扭亏或提高盈利能力，对社会总量资产来说，只是账面上的划转，这种资产置换是失败的。

总的来说，在分析上市公司资产重组绩效时，需要采取定量分析和定性分析相结合的方法，考察上市公司经过资产重组后资产质量是否得到实质性的提高，只有资产质量得到实质性的提高，资产重组才算取得了成功。

第三节 规范中国上市公司资产重组的政策建议

一、规范政府行为，加快上市公司资产重组的配套改革

在上市公司资产重组中，政府和企业需要正确定位自己的位置，也就是"企业归位，政府到位"。所谓"企业归位"，是上市公司成为资产重组的主体，按照市场经济的规律和意愿决定重组与否以及重组方式等。所谓"政府到位"，是发挥政府在资产重组中的特殊作用，并不过多地干预上市公司资产重组的细节。政府在上市公司资产重组中的职责，可概括为以下两点。

（一）对上市公司资产重组进行积极引导与支持

（1）规划。政府根据经济社会发展总体战略及相关产业政策要求，利用产业政策、金融政策、税收政策等，对涉及资产重组的所有制结构、行业结构、地区结构、产品结构等问题做出宏观规划，使之符合国家产业政策。

（2）协调。政府有关部门以协调仲裁机构的身份，对上市公司资产重组前期、中期和后期所发生的各种问题进行调解和仲裁，促进资产重组顺利实施。

（3）监督。政府对上市公司资产重组实行有效监控，对于垄断性资产重组、欺诈性资产重组、强制性资产重组、违背企业发展总体规划要求的资产重组以及损害国家财产及其权益的资产重组等给予必要的干预和制止。

（4）服务。政府通过规范证券交易市场、加强中介机构建设、提供信息咨询服务、建立社会保障体系等措施，对上市公司资产重组各环节提供尽可能完善的服务。

（5）扶植。政府对上市公司资产重组在债务负担、劳动力安置、税收、金

融等方面给予必要的优惠和支持，促进资产重组活动的开展。

（二）加快配套体制的改革

一是财税体制改革。现有国有企业所得税仍然是按企业行政隶属关系交纳，这样，跨地区、跨不同财政级次的企业资产重组必然导致政府间财税收入的变化。有些地方政府出于维护自身利益的考虑，会反对上市公司资产重组。为此，必须对现行企业所得税体制加以改革，实行真正的分税制，使企业所得税成为中央政府和地方政府间的共享税。

二是金融体制改革。完善上市公司资产重组过程中的金融政策，必须加快商业银行改革，建立商业银行体制，按照效益原则、偿债能力原则、规模投资原则，重新建立新的市场型借贷体制。

三是行业管理体制改革。现行的行业管理实际上仍然是部门管理，政府主管部门既行使行政管理职能、行业管理职能，又行使国有资产所有者职能。很显然，部门所有制必然会造成条块分割，严重阻碍跨地区、跨行业的企业资产重组。为此，必须将行业管理职能和资产所有者职能分离开，变现行的部门管理为真正的行业管理。

二、深化企业改革，完善上市公司法人治理结构

我国上市公司资产重组中存在诸多不良问题，与上市公司法人治理结构不完善有着必然联系。由于中国上市公司大多是由国有企业改制而来，其股权结构中存在不合理之处，如国有股"一股独大"且不流通、股权设置违背"同股同权"原则，导致上市公司治理不可避免地存在缺陷，如股东缺位、内部人控制严重、大股东掠夺、股权激励约束不足等。许多上市公司重组后"三分开"，未解决、公司管理体制不顺。因此，提高资产重组的社会效果，应在上市公司建立现代企业制度上下功夫。现阶段，需要做的是完善上市公司法人治理结构。

首先，改变上市公司的股权结构。改变一股独大现状，塑造几个持股比例相差小、彼此之间可以相互制约的大股东，使上市公司实质性的资产重组具有一定保障。

其次，严格公司退市制度。公司退市机制是保证上市公司质量、保证股市资源分配效率的一种必要性机制，对公司治理结构的改进具有很大的"默示"效应，体现市场对其微观主体的外部警示性监控。2001年2月24日，中国证监会《亏损上市公司暂停上市和终止上市实施办法》出台，标志着我国股市退市制度

正式出台，但是只对亏损企业的退市做出规定，距离建立全面的上市公司退市制度仍有一段距离。目前，应加强场外证券交易市场法律制度建设以及其他相关制度规定的建设，以建立健全上市公司退市制度。

再次，建立独立董事制度。所谓独立董事制度，是在董事会中设立独立的非执行董事或外部董事的一种董事会结构制度。独立董事制度使企业内部人控制现象在源头上得到一定控制，从而对投资者的信心和上市公司的价值产生重大而积极的影响。

最后，建立经理期权制度。经理股票期权制度是国外推行经理持股计划的普遍方式，期权计划连同其他经理持股方式，共同构成对经理层的长期激励机制，也成为这些公司的公司治理结构中的重要一环。目前，我国一些民营企业、科技企业以及国有或国有控股企业中，已经对经理持股做出有益探索，但在中国大规模推行经理人员持股以及ESO，则还面临着一系列体制、市场条件等限制。

因此，要保障ESO顺利推行并发挥既有职能，推动我国经理人员薪酬制度改革和企业治理结构改革走向深化，不仅制度本身的合理设计和对国外模式进行中国化改造是必要的，而且一些配套措施的实施同样不可缺少，譬如发行制度改革、市场监管加强、市场投资理念培育、经理市场的构建等。只有这样，中国的ESO才能深入发展。

三、发展资本市场，健全证券市场的市场化运行机制

一直以来，人们将证券市场的融资规模作为衡量其对国民经济贡献大小的主要内容，认为融资规模越大，取得的成绩也越大，但当上市公司的募集资金利用明显处于低效率，甚至是无效率状态时，筹资规模大小不仅不是成绩还是过失。因此，证券市场作为国民经济的组成部分，不应只是为了给上市公司提供筹集资金的渠道，更重要的是促进社会资金整体使用效率的提高，否则证券市场对国民经济的积极作用将大打折扣，严重时甚至可能成为社会资金大规模流失的黑洞和市场制度缺失的"典范"，对国民经济发展产生较大的负面作用。目前，我国证券市场资产重组中出现的种种问题，从根本上说是源于我国证券市场的非市场化特征，而要真正解决这些问题，唯一的办法是恢复证券市场理应具备的市场化面目。

针对我国证券市场现状，主要应该解决四个问题：

一是上市公司的壳资源价值问题。这个问题的解决主要依靠证券市场准入、

退出机制逐步向市场化过渡，如目前实施的上市发行核准制最终应过渡到登记制，不再使用行政手段设置上市壁垒，而主要由市场决定上市公司能否发行及发行价格的高低；严格退市制度，主要是按照《公司法》要求一视同仁地对待上市公司的退市、破产等，将有助于降低壳资源价值，使围绕壳资源价值所展开的"保壳"运作失去意义。

二是上市公司股票的全流通问题。这个问题的解决具有挑战性。尽管目前国有股减持停止已彻底放弃国有股市场流通，但上市公司股票全流通作为中国股市许多问题的根源所在，或迟或早都应得到解决。目前来看，国有股、法人股最终转为优先股或公司债券不失为解决问题的一个思路。

三是积极稳妥地发展养老基金、保险基金、信托基金等机构投资者。机构投资者的投资理念更倾向于长期性，更追求安全和稳定的投资回报，可以为资产重组的开展提供一个稳定的市场环境，减少资产重组的市场风险。

四是积极发展投资银行规范证券市场中介组织行为。目前，我国证券市场中的中介机构并不完善，不能适应企业资产重组需要，对此必须建立我国投资银行体制，以适应上市公司资产重组发展的需要。当前，中国发展投资银行可以有三个途径：①对现有实力雄厚的证券公司通过制度创新、功能再造，使其逐步发展成为投资银行。②对现有的信托投资公司通过规范、改组、功能复位，使之成为真正的投资银行。③组建新的投资银行，包括审慎地设立中外合资的投资银行。此外，会计、评估、审计、法律等中介服务组织的培育与规范，也是证券市场上资产重组顺利开展的必要条件[①]。

四、加强证券监管力度，强化信息披露制度

面对证券市场上大量非市场化资产重组行为，现阶段可以从以下方面着手加强对上市公司监管、完善市场约束机制，降低非市场化资产重组的"扭曲度"和减少对市场所造成的不良影响。

（一）改进上市公司配股融资资格规定

长期以来，中国证监会对上市公司的配股资格进行严格限制。尽管中国证监会的初衷是为了保护投资者利益，但在仅以净资产收益率衡量公司业绩的情况下，许多上市公司通过资产重组进行业绩操纵和投机有其必然性。因此，中

---

① 杨竞.投资银行在企业资产重组中的作用[J].经济研究导刊，2019，（19）：91-93，134.

国证监会对上市公司配股资格的确定应采取更好的办法，以减少上市公司利润操纵动机。

（二）制定有效措施，打击和限制恶性投机行为

对于利用重组题材大肆炒作的庄家绝不可姑息养奸，必须严惩不贷、以儆效尤，譬如对银广夏、亿安科技、中科创业等重组庄股的查处迈出市场监管可喜的一步，今后仍需继续在查处的力度、及时性和公开性等方面做出进一步努力。

（三）强化信息披露，增加资产重组工作的透明度

增加重组工作的透明度、公开化，有助于鼓励实质性重组行为，减少虚假重组和防范投机行为。其中包括重组的双方以及重组事项本身。对被重组的上市公司而言，应增加资产重组公开化程度，主要包括两个方面，一是程序公开，从有打算到初步接触，到有合作意向，到签协议等，各个环节都应尽量公开；二是扩大选择范围，可以将股权放到市场上公开标价出售、拍卖[1]。

对重组方来讲，首先，重组方的信息披露应该涉及其最终控制人。其次，包括最终控制人在内的重组方应该对自身情况有详细披露。另外，重组方信息披露的形式应有一定格式要求。根据国外经验，重组方至少需要披露基本情况，包括资产质量、注册资本、营业范围、经营情况以及最近经审计的财务报表等。

如果从倡导实质重组的角度出发，还可以进一步对重组方实体的可存续性、企业信用及涉诉情况等重大事项进行披露。此外，由于高管人员的特殊性，有必要公开重组方高级管理人员、董事会成员情况，特别是参与证券市场的过程。对于重组事项本身，重组方应对重组实施方案、重组后的计划有详细披露。

（四）规范上市公司资产重组中的关联交易行为

第一，在企业上市前的改组过程中，应减少拟上市公司将来发生关联交易行为的可能性，反对改组出车间式的上市公司。这是因为车间式上市公司的产品销售和原材料采购主要依托母公司或其他关联企业，上市后极易发生关联交易行为[2]。

第二，严格规范上市公司对其关联交易行为的披露方式，其中交易价格的披露方式尤为重要。有的虽然进行了披露，但未说明有关重组资产是否经过审计、评估；转让价格只说明是协议价格，而未说明具体的计算方法。对此，证券监管部门应要求公司说明关联交易是否按照独立核算企业原则进行，不但要防止控股

---

[1] 李俊华.浅析企业资产重组财务问题与对策[J].财会学习，2019，（28）：33-34.
[2] 梁红军.企业上市前期资产重组中财务整合[J].财会学习，2019，（33）：66，68.

公司利用关联交易侵占小股东利益，更要防止通过关联交易制造虚假业绩，使证券市场流传扭曲的信息。

第三，注册会计师应本着"实质大于形式"原则，对关联交易包括关联企业间资产重组行为发表准确的审计意见。

五、建立健全上市公司资产重组的法制环境

虽然《证券法》已经颁布实施，但有关并购方面的法律法规仍有待完善。目前兼并收购的法规有很多，还有很多优惠政策，这种分散的法规体系既无法对并购中的法律问题作出规范，也不利于实践中的操作实施。为此，只有将并购主体、并购程序、并购后的财产处理等关键问题纳入法制轨道，制定一部全面统一的并购法规，上市公司的并购活动才能得到健康有序地发展，才能实现资产优化的最终目的。同时，上市公司并购的法律环境问题，不只是几部法律的问题，还应建立健全一整套法律保障体系。这种法律保障体系的内容包括：产权交易市场秩序化、政策法规明确化、政府行为规范化、国有资产管理法律化、金融体制完善化和收购程序合理化等。只有具备这些条件，才能使资产重组行为真正纳入法律轨道。

第四章 基于审计视角的企业资产重组研究

面对经济升级、产业结构调整、竞争加剧的大趋势,很多企业开始积极向新兴行业转型,或对业务进行重整,导致企业之间资产重组交易十分活跃。

相较于普通的经济活动,资产重组涉及事项繁多且复杂,还关系到各种利益团体的博弈,审计风险较高,因而对审计工作是一个不小的挑战。本章内容包括企业资产重组审计问题及解决对策,内部审计在企业资产重组中的重要性,重大资产重组中的审计成本、审计师变更与审计质量,企业资产重组审计风险的控制研究。

第一节 企业资产重组审计问题及解决对策

伴随着中国经济发展步入一个新阶段,很多企业(尤其是上市公司)纷纷选择向新兴产业扩展业务,或者进行产业升级,以应对越发激烈的市场竞争。资产重组作为企业快速获取资源、进入新领域、调整资产分布的有效手段,越来越多地被企业所运用,目前常见的资产重组方式多种多样,涉及经济事项十分复杂,也为企业经营带来了很高的风险,对注册会计师进行审计具有很大的挑战。

当下,对企业资产重组的监管正逐步加强。2015年初,中注协就资产重组的审计风险问题约谈了瑞华和天健两家事务所,指出资产重组中的几大高风险领域,包括交易的商业逻辑、关联方的披露、商誉的确认、管理层变化以及承诺的业绩条件等,要求事务所在进行资产重组审计时要委派更有经验的项目组成员,恰当利用专家工作,以应对资产重组中的特别风险。

当下的趋势使得资产重组交易成为市场中活跃的"身影",而资产重组的高风险又对审计工作提出了更高要求。为了保证审计质量,应对面临的挑战,对资产重组的审计风险问题和解决对策进行探讨十分必要。

一、企业资产重组中的审计问题

(一)资产重组的合理性、合规性问题

一方面,就资产重组事项来说,交易目的是否具有商业实质性十分重要。正常的资产重组是与企业发展战略相关,如果资产重组明显不符合商业逻辑,或者违反相关法律法规要求,资产重组的真实性和合规性则可能存在问题。在实际情况中不乏虚假资产的重组交易,如企业经营出现问题时利用资产重组粉饰业绩,管理层利用资产重组进行利益的转移输送等,如此情况下的资产重组本身已不具有合理性,会为报表层次和认定层次带来重大错报风险。

另一方面,资产重组涉及交易金额大、牵涉利益团体较多,签署的资产重组协议往往条款繁多而且复杂,重组协议存在不合法、不合规的交易条款并不罕见,如资产重组双方签署违规的"对赌协议",存在不合实际的业绩承诺条件等;有时,由于资产重组涉及资产性质特殊,导致资产重组面临一定的法律障碍。如2015年1月,威华股份的资产重组曾因为拟购买的资产——赣州稀土未取得环保部的环保设施竣工验收和信息化部的稀土行业准入批准而导致重组失败。由此可见,重组标的资产本身也蕴含着一定风险。

(二)资产的价值评估真实性问题

资产重组势必会涉及标的资产的评估,评估结果往往是评判重组交易是否具有公允性的重要标准,但资产评估受到市场变化影响较大,而且在不少实际重组交易中,资产评估的结果还会受到资产重组双方议价能力、博弈结果的影响,导致资产评估的真实性受到质疑,影响重组交易的顺利进行。

例如,2013年新华锦的资产重组,因资产收购价格和部分重要条款未达成一致而终止;梅雁吉祥的重组也因为对涉及相关资产进行调查后,判断重组资产的价值评估及其他影响事项存在较大的不确定性而决定终止筹划此次重大资产重组事项。

由此可见,重组资产评估也是审计工作的高风险领域,需要注册会计师对此高度关注,设计恰当的审计程序,以获得关于资产评估价值的足够审计证据。

(三)资产重组披露的充分性问题

进行资产重组的双方,或多或少有一定关联。在重大的上市公司资产重组交易中,出现了交易对手实质为公司未识别关联方的情况。关联方交易一直以来都是审计风险高发的领域,而资产重组涉及未识别关联方的风险较一般企业更高,

可能导致资产重组交易相关信息披露不充分,影响信息使用者的决策,因而需要注册会计师在进行审计时对此多加关注。

(四)资产重组的会计核算正确性问题

目前进行资产重组的方式包括资产购入、股权交换、资产剥离等,每种重组方式又涉及不同的会计处理方法,加之重组事项的复杂性,如广泛存在的企业整体资产重组,通常会涉及商誉的确认和计量,重组后还会涉及商誉减值的判断以及计算过程,相关财务人员可能缺乏对此进行账务处理的必要专业能力,导致在资产重组交易中相关资产利得或损失的确认、报告存在错报风险。

鉴于资产重组涉及金额通常十分巨大,且影响多个会计科目,一般属于报表层次的重大错报风险。因此,资产重组事项的账务处理是否正确,是否得到恰当反映,也成为审计工作中需要高度关注的问题。

二、企业资产重组中的审计对策

(一)审查资产重组是否合理性、合规性的对策

一方面,项目组成员可以考虑取得资产重组协议的相关会议记录、资产重组协议,审查资产重组协议是否经过正规的决策程序,签署的重组协议是否有相关负责人的审批、签字和盖章,审查重组协议的内容从资本运作角度看,是否符合经济效益原则,签订的协议是否公允,是否存在异常、不合理或者违规的条款;从整体角度评估资产重组事项的合理性。

另一方面,关注重组对象是否与实际情况相符,对于拟收购的标的资产,核查其使用状况、盈利能力,拟收购的资产是否仍具有持续盈利能力,置入的资产是否能够增强企业核心竞争力——对于资产重组十分重要。

例如,2015年初,星河生物在进行资产重组时出现拟收购资产(洛阳伊众清真食品有限公司)业绩低于预期,无法提升公司盈利能力的情况,最终导致资产重组事项终止。对于出售、剥离的资产,需要检查其是否为闲置或淘汰资产,警惕出现不恰当输送利益的情况。

(二)关注资产评估真实性,考虑综合利用专家的工作

一般涉及资产重组时,为保证重组的顺利进行,减少重组双方对资产评估价值的分歧,企业会考虑聘请第三方机构对标的资产进行专业评估,因而在进行审计工作时,注册会计师可以考虑利用资产评估机构的工作成果,但是利用专家的工作时,注册会计师不能直接将取得的其他机构提供的评估结果作为

自己的工作成果。一方面，注册会计师要关注评估专家的专业胜任能力、客观性、专业素质；另一方面，评价专家工作的恰当性，即关注评估过程是否合理、评价方法是否恰当、评价标准是否适当、评估资料是否完整准确、计算结果和过程是否正确。

对于评估结果，注册会计师需要综合自己所了解的情况，判断是否具有合理性，同时要综合各种情况，考虑资产重组双方是否有高估或低估资产的动机。

（三）识别关联方，并关注信息披露的恰当性

关联方的存在对信息使用者评价资产重组事项以及评估企业重组后的发展具有重要影响，且关联方交易更有可能导致财务报表层次的重大错报。所以，关联方的识别对于资产重组审计十分重要。

一方面，注册会计师要关注管理层识别关联方及其交易内部控制，考虑是否存在关联交易非关联化的情形和潜在的利益输送；询问管理层关于关联方的名称、特征以及与关联方之间发生的交易等。

另一方面，项目组内部可以对关联方关系进行讨论，交流是否发现可能显示存在关联方关系或交易的记录、文件，管理层对关联方关系及交易的态度是不是积极识别、披露相关关联方，充分关注新增的大客户、异常的交易是否与资产重组的另一方相关。此外，由于资产重组涉及事项较多、金额较大，企业往往会聘请律师事务所协助相关工作，提供关于资产重组双方治理结构、管理结构以及关联方等相关资料，因而注册会计师可以考虑结合律师等专业人士提供的资料进行关联方识别。出于职业谨慎，注册会计师还可以获取企业双方关键管理人员的履历和主要社会关系进行关联方审计，如果识别出资产重组的对方为企业的关联方，要披露与企业的关系、交易的公允性、是否存在其他关联交易等，保证资产重组事项披露的准确性；如果对方不是企业的关联方，注册会计师也需要关注是否对资产重组另一方的信息进行了充分披露。

（四）根据资产重组方式，复核账务处理

考虑资产重组账务处理的复杂性，资产重组的账务处理是否正确，又直接影响资产利得或损失的确认、计量和报告，注册会计师需要结合获取的相关资料，对资产重组的账务处理进行复核。第一，注册会计师需要判断资产重组的方式。在资产重组过程中，涉及的支付手段除了现金外，是否还涉及股权转让、新股增发、授予期权以及其他非货币资产转让，获取所有能够证明相关资产价值的资

料，包括原始入账价值、资产评估报告等；第二，结合相关资料，运用专业胜任能力判断账务处理的正确性，如资产直接置换的，参照非货币性资产交换的处理方法，关注换入、换出资产的公允价值如何确定，计算是否正确，相关税费处理是否正确等；涉及投入企业股权的，参照长期股权投资的相关会计处理，对商誉的确认、计量进行复核、计算，并结合重组交易时对未来的预期、重组后的实际经营情况等信息，判断商誉减值准备的正确性。

在经济转型的当下，资产重组成为越来越多企业实现新业务扩展、调整资产分布的有效手段，但是鉴于资产重组方式的多样性，涉及经济事项复杂，往往暗藏诸多经营风险，成为审计的高风险领域之一。注册会计师在进行资产重组审计时，需要充分关注各种风险，制订完善的审计计划，以确保审计质量。

第二节 内部审计在企业资产重组中的重要性

内部审计是企业内部进行自我约束的重要机制之一，在企业资产重组中具有重要作用。如何保证内部审计工作发挥其应有作用，是内部审计工作者一直以来关心的问题，也是企业领导者关心的问题。对此，加强对内部审计工作在企业资产重组中的地位与作用研究具有十分现实的意义[①]。

一、内部审计工作在企业资产重组中的地位

分析内部审计在企业资产重组中的地位，需要对企业资产重组的客观要求以及其本身属性进行合理分析，因为这些都是决定内审工作地位的重要因素。

所谓资产重组，是根据企业经营状态对企业所有资产实施综合性经营。具体工作包括企业运营部门对企业各个生产要素进行合配置，调整企业的资产结构等。可以说，资产重组主要集中在对企业资产的综合经营方面，基于这一点，可以认为企业的运营部门对资产重组具有举足轻重的作用，是资产重组中的核心部门。

内部审计工作主要是针对企业内部行为，是内部约束机制中的一部分，也是企业实现现代化管理的一种重要体现。内部审计的本质在于对企业经济进行相对独立的监督，并不直接参与企业各项经济活动，企业也不会给内部审计部门下达

---

① 邵月.内部审计在企业资产重组中的地位和作用[J].中国乡镇企业会计，2018，（10）：198-199.

直接的经济目标，内部审计部门也没有对企业资产进行调用的权限。

基于对内部审计工作以及资产重组的客观要求分析可以看出，企业资产重组的总体进程以及方向并不是依靠内部审计工作完成，但内部审计工作作为企业内部管理工作中重要的一部分，必然会通过各种途径与方式对企业资产重组进行影响，进而对资产重组的目标造成影响，并且在企业资产重组过程中内部审计具有不可替代的地位。

二、内部审计工作在企业资产重组过程中的作用

（一）内部审计工作在资产重组前的作用

在企业资产重组前必须做好相关准备工作，而内部审计工作则起到做好各项准备工作的作用。具体来说，内部审计工作在企业资产重组前的作用体现在三个方面。

第一，通过审计调查，对企业资产情况进行分析，掌握企业重组各方资产数目、负债情况、损益情况等，为资产重组的决策层提供有效依据。

第二，对资产重组方案进行有效论证。首先，通过内部审计对重组各方的财产所有权、主体性进行审查；其次，审核重组方案中各个参组企业是否具有优势互补性，能否发挥企业的竞争优势，不仅要避免出现相关部门为了重组而牺牲优势企业的利益，也需要避免优势企业牺牲自己的优势，盲目地进行资产重组。

第三，选择的重组企业进行审查，判断其是否具有足够的资金实力以及技术开发能力，同时审查其产品是不是市场急需，材料资源是否丰富等，不仅对企业产权变动现实经济利益进行考虑，也要分析企业发展的长远利益。最后，内部审计部门并不具备单独的企业资产评估资格，还需要与相关机构相互配合，组织与引导相关部门熟悉各个企业的优势，参与资产评估工作。在内部审计部门参与下，能够节约企业资产评估的时间与成本，同时提高资产评估质量。

（二）内部审计工作在资产重组中的作用

在企业资产重组过程中，内部审计工作的作用体现在以下两个方面。

第一，保障作用。有效的内部审计工作可以保证资产重组过程免受干扰，确保重组工作顺利实施[1]。为了能够顺利地实施重组工作，企业必须具有完善的制度。内部审计部门在重组过程中能够对制度的执行情况进行有效监督，并督促有

---

[1] 刘正军，何鑫波.内部审计参与资产重组的必要性分析[J].经济师，2019，（9）：131-132.

关部门落实具体情况，规范重组行为。

第二，促进作用。内部审计工作能够推动资产重组加快重组工作的完成。企业在资产重组过程中会制定相关制度，而在具体执行过程中难免会受到各种因素影响，从而造成与具体经济活动不吻合的情况，同时产生各种新情况，还需要企业能够及时掌握，并及时采取有效对策进行处理。内部审计工作具有全局性与普遍性特点，能够深入分析各种问题，有针对性地提出处理建议。

（三）内部审计工作在资产重组后的作用

企业资产重组后，内部审计工作发挥的作用主要体现在两个方面：

第一，保证资产重组后各方面的账务处理合法性。内部审计机构通过审计工作，保证资产重组各项工作有理有据，保证各方合法权益，保证企业资产的完整性与增值性，并对各方资产亏损情况、隐藏利润进行分析，避免在资产重组过程中出现违规行为。

第二，对企业资产重组前后企业的总收益进行对比，准确反映企业重组是否完成预期目标。内部审计人员通过积极探索，研究资产重组后功效的发挥路径，为企业资产重组后的各方面业务提供必要指导。

三、内部审计工作在企业资产重组中存在的问题和对策

在企业资产重组过程中，内部审计工作会遇到各种困难，包括缺少法律依据、受到各方制约而难以开展工作等。由于内部审计相关法律法规不够健全，不能够给予内部审计工作必要的法律依据，内部人员权利也不能够得到有效发挥，很难保证审计工作的质量；企业内部审计队伍建设不足，内部审计人员素质相对较低，都对资产重组工作造成一定影响。

为了能够保证内部审计工作在企业资产重组中发挥应有作用，必须采取有效对策：第一，国家相关部门应该建立健全内部审计相关法律法规，根据当地特点，出台与其相适应的政策；第二，加强内部审计人员素质培训，将内部审计人员素质培训工作作为内部审计工作的重点，全面提升内审人员的职业道德、业务能力等；第三，加强在企业重组前、中、后的审计工作，实行全过程审计管理，及时发现重组中的问题，配合有关部门进行解决。

通过上述分析可知，内部审计工作在企业资产重组中具有不可替代的地位，同时在企业资产重组的前中后期做好审计工作，可以发挥应有作用，帮助企业顺利完成资产重组工作，发挥资产重组的经济效益，为企业长远发展做出应有贡献。

第三节　重大资产重组中的审计成本、审计师变更与审计质量

我国资本市场具有新兴转轨的经济特征，产生了大量重大资产重组事项。由于重大资产重组交易特殊且金额巨大，为了保护上市公司和投资者的合法权益，监管部门要对其审核批准、实施及后续盈利预测实现情况依法进行监管，其风险性显著高于普通公司。中国注册会计师协会于2012年和2013年书面提示了与重大资产重组相关的审计风险，要求事务所高度重视重组公司的经营情况和重整计划的进展情况，充分识别、评估和应对公司可能存在的主营业务停滞、暂停上市或管理层操纵利润等重大错报风险。与此同时，重大资产重组也引发企业边界调整，进而带来审计师变更决策。

由于审计师变更可能存在审计意见购买现象，威胁审计师独立性，加之重大资产重组事项具有高风险性质，其引发的审计师变更现象、变更的内在作用机理及对审计质量的影响值得深入研究。

重大资产重组是否引发审计师变更，重组公司进行变更决策时是否考虑审计成本因素，重组公司是否存在监管者担忧的审计质量降低问题，审计师变更在其中扮演的角色等都是亟待研究的问题。

通过研究发现，重组期间公司更容易发生审计师变更，重组公司在审计师变更决策中考虑审计成本因素，原审计师审计成本越高的公司，变更审计师的概率越大；重组期间，公司的审计质量明显低于其他公司，而且审计师变更会加剧重组公司审计质量的降低程度。分样本来看，重组公司中审计师变更与未变更公司的审计质量无差异，即两者的审计质量水平均低于非重组公司，变更审计师的公司从后任审计师那里获得与其他非变更公司相同的盈余操纵空间；在审计师变更公司中，重组公司的审计质量明显低于其他公司。

一、重大资产重组研究假设

有研究者以重大资产重组中资产收购、剥离和置换的资产流动方式为基础，以重组后的资产存量为审计量构建审计成本模型，分析审计师变更行为[①]。

[①] 常京萍，侯晓红.审计成本、审计师变更与审计质量——基于重大资产重组的视角[J]. 山西财经大学学报，2015，37（01）：114-124.

第四章 基于审计视角的企业资产重组研究

假设审计师无工作效率差异,即单位资产的变动审计成本相同,审计师能够满足客户规模扩张的审计需求。需要强调的是,原审计师继续维持契约时,原资产的固定审计成本不再发生,仅发生变动审计成本,只有原审计师审计新增资产时,才同时发生两种审计成本,新审计师也是如此。

在研究者分析中,原审计师为重组公司审计师,新审计师为置入资产的审计师,当无置入资产时,新审计师为其他审计师。审计成本模型需用到的变量如下:A_V是原有资产的变动审计成本,A_F是原有资产的固定审计成本,$A_{V(in)}$是增加资产的变动审计成本,$A_{F(in)}$是增加资产的固定审计成本,$A_{V(out)}$是减少资产的变动审计成本,$A_{F(out)}$是减少资产的固定审计成本,AC_{old}是原审计师审计成本,AC_{new}是新审计师审计成本,△AC是原审计师审计成本减去新审计师审计成本。当△AC>0时,表示原审计师审计成本高,变更审计师为最优;当△AC<0时,表示原审计师审计成本低,维持审计关系为最优。审计成本模型见表4-1所示。

表4-1 审计成本模型

资产流动方式	AC_{old}	AC_{new}	△AC
资产收购	$A_V + A_{F(in)} + A_{V(in)}$	$A_F + A_{F(in)} + A_{V(in)}$	$A_{F(in)} - A_F$
资产剥离	$A_V - A_{V(out)}$	$A_F + A_V - A_{F(out)} - A_{V(out)}$	$A_{F(out)} - A_F$
资产置换	$A_V - A_{V(out)} + A_{F(in)} + A_{V(in)}$	$A_F - A_{F(out)} + A_V - A_{V(out)} + A_{V(in)}$	$A_{F(in)} - (A_F - A_{F(out)})$

从资产收购角度分析,$AC_{old} = A_V + A_{F(in)} + A_{V(in)}$,$AC_{new} = A_F + A_V + A_{V(in)}$,△$AC = A_{F(in)} - A_F$。当增加的资产规模小于原有资产规模时,$A_{F(in)} < A_F$,故△AC<0,维持审计关系为最优;反之,变更审计师则为最优。

从资产剥离的角度分析,$AC_{old} = A_V - A_{V(out)}$,$AC_{new} = A_F + A_V - A_{F(out)} - A_{V(out)}$,△$AC = A_{F(out)} - A_F$。由于剥离的资产规模小于原有资产规模,$A_{F(out)} < A_F$,故△AC<0,说明原审计师具有成本优势,维持审计关系为最优。

从资产置换角度分析,$AC_{old} = A_V - A_{V(out)} + A_{F(in)} + A_{V(in)}$,$AC_{new} = A_F - A_{F(out)} + A_V - A_{V(out)} + A_{V(in)}$,△$AC = A_{F(in)} - (A_F - A_{F(out)})$。△AC中的$A_F - A_{F(out)}$是资产剥离后剩余资产的固定审计成本。当仅剥离部分资产时,$A_F - A_{F(out)} > 0$;

当原有资产全部剥离时，$A_F - A_{F(out)} = 0$。因此，当收购的资产规模大于剥离后的剩余资产规模时，$A_{F(in)} > A_F - A_{F(out)}$，故 $\triangle AC > 0$，即变更审计师为最优；反之，$A_F < A_F - A_{F(out)}$，故 $\triangle AC < 0$，即维持审计关系为最优。

我国资本市场重组的资产流动方式显示出新兴转轨经济特征。资本市场在成立之初是以国有企业为主，中央对地方政府以GDP为主的政绩考核和晋升机制，直接促使国有上市公司成为政府发展和稳定地方经济、履行社会责任的可支配资源。作为理性经济人的地方政府，在重组中扮演着支持与掏空的双重角色，在上市公司面临退市威胁时，多采取剥离微利或亏损资产并置入盈利资产的支持模式，因此，资产置换的重组方式比较典型。

有关重大资产重组的规定，要求将资产或营业收入影响超过50%以上的重组列为批准对象，加之置入盈利资产较大时才可能实质性扭转财务危机，因此，置入的资产规模多数情况下大于剥离后的剩余资产规模。该类重组方式的审计成本可用资产置换模型分析：原审计师审计成本减去新审计师审计成本为 $\triangle AC = A_{F(in)} - (A_F - A_{F(out)})$，此时置入资产规模大于剩余资产规模，$A_{F(in)} > A_F - A_{F(out)}$，故 $\triangle AC > 0$，即最优决策为变更审计师。

从审批制到核准制下的"通道制"及"保荐制"，我国股票发行审核制度始终没有摆脱名额有限和政府管制的局限，导致民营企业上市融资渠道不畅且成本高昂，形成民营企业迫切寻求低成本上市融资的需求，而国有产权改革和"国退民进"政策提供了大量壳资源供给，绩差国有公司稀缺的壳资源便成为民营企业借壳上市的首选目标。此外，国有公司面临上市成本高昂的现实问题，也会加入借壳上市行列。该类重组可运用资产置换模型分析其审计成本：原审计师审计成本减去新审计师审计成本为 $\triangle AC = A_{F(in)} - (A_F - A_{F(out)})$，由于借壳重组的原有资产全部剥离，$A_F - A_{F(out)} = 0$，故 $\triangle AC = A_{F(in)} > 0$，即变更审计师为最优。

近年来，监管部门为了减少同业竞争和规范关联交易，开始推行整体上市，加之非公开发行股票融资方式解决了资金瓶颈问题，2004年后整体上市型重组数量逐渐增多。由于历史原因，上市部分的资产多为剥离原有未上市公司的一部分，公司整体上市后增加的资产规模一般大于已上市部分的资产，可用资产收购类审计成本模型进行分析：$\triangle AC = A_{F(in)} - A_F$，由于增加资产规模大于原有资产规模，$A_{F(in)} > AF$，故 $\triangle AC > 0$，变更审计师为最优。根据以上分析，研究者提出如下研究假设：

H1a：对于全样本公司而言，当上市公司处于重大资产重组期间时，审计师变更的可能性更大。

H1b：对于重组公司样本而言，原审计师审计成本越高，变更审计师的可能性越大。

为了保护上市公司和投资者的合法权益，促进上市公司的质量不断提高，监管部门对重大资产重组的盈利预测及其实现情况做了详细规定，并就未能实现盈利预测的情形进行惩处。根据2011年9月1日起实施的《上市公司重大资产重组管理办法》修订版，上市公司应当提供拟购买资产的盈利预测报告，当购买资产总额超过原资产100%以上、出售资产和购买资产的总额均超过原资产70%以上、出售全部经营性资产并购买其他资产或者发行股份购买资产时，均需提供上市公司盈利预测报告，并要经过审核。重组完毕后，上市公司需在年报中单独披露相关的实际盈利数与利润预测数的差异情况及专项审核意见。交易对方与上市公司需要就相关资产实际盈利数不足利润预测数的情况签订补偿协议。独立财务顾问对重组公司履行1—3年的持续督导职责出具持续督导意见，并向派出机构报告相关事项。对于上市公司或者购买资产实现的利润未达到预测金额80%的重组公司，监管部门将进行相应处罚。

由此可见，监管部门对重组公司的监管重心是盈利预测实现情况。当盈利预测实现时，重组才算圆满完成，否则公司将按补偿协议进行赔偿，并受到监管处罚。此外，未实现盈利预测会导致公司股价下跌、高管薪酬降低，甚至高管离职。因此，管理层对重组后能否实现盈利预测高度关注，盈余管理成为其提高盈利的重要手段，重组公司有较强的动机在重组前向下调节利润，重组后向上调节利润，以保障盈利预测的顺利实现。

通常情况下，审计师变更公司的操控性应计利润CDA高于非变更公司。实现盈利预测的压力与审计师变更产生的叠加效应，导致重组公司变更审计师后审计质量降低程度的加剧。根据以上分析，该研究组提出如下研究假设：

H2a：大样本中，重组公司的审计质量显著低于其他公司。

H2b：大样本中，与其他公司相比，审计师变更加剧了重组公司审计质量的降低程度。

从重组公司角度分析，虽然重组公司审计师变更决策的主要依据是原审计师与新审计师相比是否具有审计成本优势，考虑审计关系的经济性，但是，公司面临的重组后盈利和监管压力导致其俘获新审计师进行盈余操纵的需求强烈。在符合审计成本最优的前提下，公司在审计师变更决策中更多地考虑谁能对重组前后的财务数据加以干预，帮助其更好地实现重组盈利预测。同时，监管部门对审计师变更行为的关注，抑制了审计师变更后过强的盈余操纵倾向，不会产生明显异于其他非变更重组公司的盈余操纵。因此，重组公司之间的操控性应计利润CDA没有显著差异。

从审计师变更公司角度分析，重组型变更公司与其他变更公司相比，会受到审计任期和重组盈余操纵动机两个因素影响。从审计任期分析，审计任期与以操控性应计利润绝对值计量的审计质量呈倒U形关系，任期拐点为6-8年，在前期随着审计任期的延长，操控性应计利润会逐渐降低，审计质量逐年提高。

重组型公司的审计关系并非在审计时才建立，审计师经过重组业务与客户管理层已建立了稳定关系，重组中审计师对公司的账务、资产、内部控制及前期基础数据进行验证后，可以发现更多的盈余操纵。不少公司的后任审计师甚至是注入资产的审计师，其与客户的审计关系更为密切，甚至审计任期超过了拐点年限，审计质量处于下降期。

从重组盈余操纵的动机分析，重组公司与其他变更公司相比，有满足未来盈利预测的压力，盈余操纵的可能性更大。审计质量是审计师发现错报并报告的联合概率，虽然重组公司审计师发现错报的能力高于一般变更后的新任审计师，但由于重组公司在审计师变更时已沟通盈利预测实现的压力，愿意承接审计业务的审计师会对其操纵行为采取宽松政策，否则会失去该业务。因此，在任期效应让位于盈余操纵效应影响下，重组型变更公司比其他变更公司的操控性应计利润更高，审计质量更低。根据以上分析，该研究组提出如下研究假设：

H3a：审计师变更的重组公司与未变更的重组公司的审计质量无显著差异。

H3b：重组型审计师变更公司的审计质量低于其他变更公司。

二、重大资产重组研究设计

（一）样本选择和数据来源

研究者以2007至2012年A股上市公司、重大资产重组公司及审计师变更公司为样本，按以下原则进行筛选：①剔除金融业样本；②剔除数据缺失样本；③依据操控性应计利润DA计算要求，剔除分年度、分行业样本数量少于10个的木材家具业及文化体育娱乐业样本，最终得到审计师变更模型的9139个全样本观测值和274个重大资产重组样本观测值,审计质量模型的8355个全样本观测值、260个重大资产重组样本观测值和693个审计师变更样本观测值。财务和审计师数据来自国泰安数据库(CSMAF),审计师变更数据通过手工查询获得,获得批准进行重大资产重组公司的信息,通过查询证监会网站并购重组公告获得,重组资产流转数据来自巨潮资讯重大资产重组独立财务报告,并根据网络信息进行手工整理。

(二)重要变量界定

1.审计师变更(Switch)

研究者以实质性变更为判定标准,比较前后两年数据库年报审计师差异,参照会计师事务所合并、分立、更名公开信息,剔除非实质性变更,同时对存在疑虑的公司通过直接查阅年报披露的审计师变更信息加以确认,最终得到审计师变更数据。

2.重大资产重组(MAR)

研究者以并购重组委员会公告批准的重大资产重组信息为依据,界定重大资产重组公司。重大资产重组的筹备、批准和实施程序通常会超过两年,故应以公司获准重组的当年为基准 t 年,t−1年、年和 t+1年均属于重组年,公司属于重组年时取1,否则取0。

3.审计成本(△AC)

由于固定审计成本无法准确计量,研究者用资产规模作为固定审计成本的替代变量,可获得的重组资产流转数据包括总资产账面价值、总资产评估价值、净资产账面价值、净资产评估价值和净资产交易价格。依据表4-1的审计成本模型可以计算得到五种△AC,计算中需保持资产和价值口径统一,并对数据取自然对数后再依据模型计算。在交易价格基准计算中,流转资产采用交易价格,由于原资产没有交易价格,而评估价值与之较为接近,故原资产仍选用评估价值口径。原资产账面价值选取时点为距离重大资产重组评估基准日最近的年报时点。

对于原资产评估价值缺失的公司,研究者依据以下方法推算:对于资产收购型重组,可按照原资产账面价值乘以所有置入资产的资产评估价值与账面价值的比值推算;对于资产剥离型重组,由于全部剥离的情况仅存在于资产置换情形中,此处仅指部分剥离,故可根据原资产账面价值乘以剥离资产的评估价值除以其账面价值的比值推算;对于资产置换型重组,当原资产全部剥离时,直接将剩余资产记为0,若仅是部分剥离,则参照资产剥离的计算方法推算。

4.审计质量(DA)

该研究用盈余管理水平的绝对值衡量审计质量,盈余管理水平越高,审计质量就越低。运用分行业基本Jones模型计量中国上市公司的盈余管理相对准确。在基本Jones模型中加入固定资产以外的长期资产,并不能提高模型揭示盈余管理的能力,甚至会降低模型效果。因此,研究者选择两种截面Jones模型分行业、分年度估计操控性应计利润DA,并要求每一年每个行业的样本数不小于10个。

(1)截面基本Jones模型。Jones提出操控性应计利润的估计模型,其具体形式如下:

$$\frac{TA_{i,t}}{A_{i,t-1}} = \alpha_1 \left(\frac{1}{A_{i,t-1}}\right) + \alpha_2 \left(\frac{\Delta REV_{i,t}}{A_{i,t-1}}\right) + \alpha_3 \left(\frac{PPE_{i,t}}{A_{i,t-1}}\right) + \varepsilon_{i,t} \quad (4-1)$$

其中,$TA_{i,t}$是i公司第t年的总应计利润,$A_{i,t-1}$是i公司第t-1年期末总资产,$\Delta REV_{i,t}$是i公司第t年主营业务收入与第t-1年主营业务收入的差额,$PPE_{i,t}$是i公司第t年末厂房、设备等固定资产价值,$\varepsilon_{i,t}$为残差项(即i公司第t年经第t-1年期末总资产调整后的操控性应计利润DA),$TA_{i,i} = EBP_{i,t} - CFO_{i,t}$($EBP_{i,t}$为i公司第t年的营业利润,$CFO_{i,t}$为i公司第t年的经营净现金流量)参数。

(2)截面业绩调整Jones模型。科塔里(Kothari)等人研究发现,基本Jones模型可能会因样本公司的业绩异常值而错误估计操控性应计利润。因此,控制样本的当期业绩可以提高估计效果。研究者采用在基本Jones模型中增加当期总资产利润率FOA的方法计量DA,具体模型如下:

$$\frac{TA_{i,t}}{A_{i,t-1}} = \alpha_1 \left(\frac{1}{A_{i,t-1}}\right) + \alpha_2 \left(\frac{\Delta REV_{i,t}}{A_{i,t-1}}\right) + \alpha_3 \left(\frac{PPE_{i,t}}{A_{i,t-1}}\right) + \alpha_4 ROA_{i,t} + å_{i,i} \quad (4-2)$$

其中,$ROA_{i,t}$为i公司第t年的总资产利润率,其他变量的定义同模型(1)。

(三)基本模型

1.审计师变更模型

研究者借鉴前人的方法构建审计师变更模型,在两组样本中分别检验重大资产重组（MAR）、审计成本（△AC）与审计师变更（Switch）的关系。审计师变更的Logistic模型如下：

$$Switch_{i,t} = \beta_0 + \beta_1 MAR_{i,1} + \beta_2 \triangle AC_{i,1} + \beta_3 \ln v Rec_{i,t-1} + \beta_4 GrowthR_{i,t-1} + \beta_5 Lev_{i,t-1} + \beta_6 CFOPS_{i,t-1} + \beta_7 ROA_{i,t-1} + \beta_8 ST_{i,t-1} + \beta_9 O\,pin_{i,t-1} + \beta_{10} Expert_{i,t-1} + \beta_{11} Size_{i,i-1} + \varepsilon_{i,i-1}$$ （4-3）

为了消除自变量与审计师变更的内生关系，已有研究采用影响因素的滞后一期数据。由于重大资产重组变量（MAR）以是否处于重组年为标准计量，审计成本变量（△AC）为重组公司的重组资产流动数据，两者不涉及滞后一期问题，故可采取当期计入方式。

在全样本中，研究者预期重大资产重组变量（MAR）与审计师变更（Switch）显著正相关；在重大资产重组样本中，预期审计成本（△AC）与审计师变更（Switch）显著正相关。

2.审计质量模型

研究者借鉴Reynolds和Francis、Francis和Yu的审计质量模型，在三组样本中检验审计师变更（Switch）、重大资产重组（MAR）、交叉项MAR×Switch与审计质量（DA）的关系。审计质量的多元线性回归模型如下：

$$DA_{i,t} = \lambda_0 + \lambda_1 MAR_{i,1} + \lambda_2 S\,witch_{i,t} + \lambda_3 MAR_{i,x} \times S\,witch_{i,t} + \lambda_4 Inv\,Rec_{i,t} + \lambda_5 Growth\,R_{i,t} + \lambda_6 RevnVola_{i,t} + \lambda_7 CFO_{i,t} + \lambda_8 CF-OVola_{i,t} + \lambda_9 Lev_{i,i} + \lambda_{10} Loss_{i,1} + \lambda_{11} TobinQ_{i,1} + \varepsilon_{i,t}$$ （4-4）

在大样本中，预期测试变量重大资产重组（MAR）、交叉项MAR×Switch与审计质量（DA）显著正相关；在重组样本中，预期测试变量审计师变更（Switch）与审计质量（DA）的关系不显著；在审计师变更样本中，预期测试变量重大资产重组（MAR）与审计质量（DA）显著正相关。具体的变量定义见表4-2所示。

表4-2 变量定义

变量名称	变量符号	变量定义
审计师变更	Switch	哑变量,公司年报审计师与前一会计年度不同时取1,否则取0
审计质量	DA1	截面基本Jones模型计量的操控性应计利润绝对值
	DA2	截面业绩调整Jones模型计量的操控性应计利润绝对值
重大资产重组	MAR	哑变量,公司处于获准重大资产重组的t-1年、t年和t+1年时取1,否则取0
审计成本	△AC1	总资产账面价值计量的审计成本
	△AC2	总资产评估价值计量的审计成本
	△AC3	净资产账面价值计量的审计成本
	△AC4	净资产评估价值计量的审计成本
	△AC5	净资产交易价格计量的审计成本
存货与应收账款	InvRec	(期末存货账面净值+期末应收账款账面净值)/期末总资产
收入增长率	GrowthR	(当期营业收入-上期营业收入)/上期营业收入,以10为最大值进行Winsorize处理
收入波动性	RevnVola	近三年营业收入的标准差取自然对数,以10为最大值进行Winsorize处理
现金流	CFO	经营现金流/滞后一期的期末总资产
现金流波动性	CFOVola	近三年CFO的标准差,以10为最大值进行Winsorize处理
每股现金流	CFOPS	经营现金净流量/总股数
总资产收益率	ROA	净利润/期末总资产
亏损	Loss	哑变量,当ROA<0时取1,否则取0
ST	ST	哑变量,公司被ST时取1,否则取0
TobinQ	TobinQ	(股权市值+净债务市值)/期末总资产
审计意见类型	Opin	哑变量,非标准无保留审计意见时取1,否则取0
审计师行业专长	Expert	审计师拥有某行业客户资产总额占该行业所有上市公司资产总额的比率
负债	Lev	期末负债/期末总资产
公司规模	Size	期末总资产取自然对数

三、重大资产重组实证结果及分析

（一）描述性统计结果

表4-3报告了重大资产重组样本各变量的描述性统计结果。审计师变更（Switch）的平均值为0.2591，说明在274家重大资产重组公司中，有25.91%的公司（71家）发生审计师变更；以总资产账面价值计量的审计成本（△AC1）平均值（中位数）为5.6576(0.4239)，以总资产评估价值计量的审计成本（△AC2）平均值（中位数）为5.1878(-0.4482)，以净资产账面价值计量的审计成本（△AC3）平均值（中位数）为5.7897(0.1133)，以净资产评估价值计量的审计成本（△AC4）平均值（中位数）为6.6009(-0.4682)，以净资产交易价格计量的审计成本（△AC5）平均值（中位数）为6.5978（-0.4790）。

表4-3 主要变量的描述性统计

变量	观测值	均值	标准差	最小值	中位数	最大值
Switch	274	0.2591	0.439	0	0	1
△AC1	274	5.6576	9.906	-4.9816	0.4239	26.6226
△AC2	274	5.1878	10.4738	-6.4007	-0.4482	27.8945
△AC3	274	5.7897	13.5714	-41.4274	0.1133	57.9607
△AC4	274	6.6009	12.6768	-10.0292	-0.4682	61.8693
△AC5	274	6.5978	13.5105	-40.5329	-0.479	61.6415
InvRec	274	0.2679	0.1867	0.0000	0.24	0.9075
GrowthR	274	0.556	1.8227	-0.9046	0.1504	10.0000
Lev	274	0.5317	0.2337	0.0328	0.5586	0.9884
CFOPS	274	0.5053	1.1031	-2.8959	0.2598	9.8714
ROA	274	0.059	0.1491	-0.4373	0.05	2.0387
ST	274	0.0219	0.1466	0.0000	0.0000	1.0000
Opin	274	0.0693	0.2545	0.0000	0.0000	1.0000
Expert	274	0.0393	0.0454	0.0005	0.0201	0.2484
Size	274	21.509	1.3639	17.6909	21.3898	26.1563

（二）单变量分析

表4-4对检验变量均值进行了比较，以初步验证变量关系。PanelA显示，全样本的审计师变更公司中，发生重组数量在1%的水平上显著高于未变更公司，与H1a一致。

PanelB显示，在重组样本中，审计师变更公司的审计成本显著高于未变更公司，与H1b一致。

PanelC显示，在大样本中，重组公司的操控性应计利润（DA）在1%的水平上显著高于非重组公司，与H2a一致；变更公司的操控性应计利润（DA）在1%的水平上显著高于非变更公司，从侧面支持了H2b。

PanelD显示，在重组样本中，审计师变更公司的审计质量与未变更公司没有差异，与H3a一致。

PanelE显示，在审计师变更样本中，重组公司的操控性应计利润（DA）在5%的水平上显著高于非重组公司，即重组公司的审计质量显著低于非重组公司，与H3b一致。

表4-4　均值比较

变量	\	\	\	\
PanelA：全样本的重大资产重组均值比较（n=9139）				
变量	Switch=1	Switch=0	差异	T值
MAR	0.1	0.07	0.032***	2.824
PanelB：重大资产重组样本的审计成本均值比较（n=274）				
变量	Switch=1	Switch=0	差异	T值
△AC1	11.2671	3.6957	7.571***	5.199
△AC2	11.0205	3.1478	7.873***	5.1
△AC3	8.1609	4.9604	3.201*	1.7
△AC4	11.0292	5.0521	5.977***	3.489
△AC5	10.3053	5.3011	5.004***	2.718
PanelC：全样本的审计质量均值比较（n=8355）				
变量	MAR=1	MAR=0	差异	T值
DA1	0.143	0.082	0.061***	3.943
DA2	0.1263	0.0717	0.055***	4.074
变量	Switch=1	Switch=0	差异	T值
DA1	0.1161	0.0841	0.032***	2.959
DA2	0.1014	0.0737	0.028***	2.748
PanelD：重大资产重组样本的审计质量均值比较（n=260）				
变量	Switch=1	Switch=0	差异	T值
DA1	0.2601	0.1443	0.116	1.248
DA2	0.2557	0.122	0.134	1.499
PanelE：审计师变更样本的审计质量均值比较（i=693）				
变量	MAR=1	MAR=0	差异	T值

（接上表）

DA1	0.2608	0.098	0.163*	1.984
DA2	0.2559	0.0822	0.174**	2.131

注：***、**、*分别表示在1%、5%、10%的水平上显著。

该研究对审计质量线性回归模型进行多重共线性判断。在大样本和重组样本中，所有变量的方差膨胀因子VIF均不超过2。在审计师变更样本中，变量方差膨胀因子VIF除了现金流（CFO）和现金流波动性（CFOVola）分别为2.571和2.528外，其他变量均不超过2。VIF值远低于Belsley等（1980）提出的标准水平10。因此，变量间不存在多重共线性。

（三）多元回归分析

表4-5（1）栏给出全样本的重大资产重组与审计师变更回归结果。重大资产重组（MAR）系数为0.391，且在1%的水平上与审计师变更显著正相关，说明实施重大资产重组的公司变更审计师的可能性更高，假设1a得到了验证。

表4-5（2）栏至（6）栏是重大资产重组样本公司的审计成本与审计师变更回归结果，研究组采用五种计量方式计算了审计成本并分别进行回归。审计成本△AC1、△AC2、△AC4、△AC5的系数分别为0.083、0.076、0.052、0.043，均在1%的水平上与审计师变更显著正相关，而审计成本△AC3的系数为0.031，且在5%的水平上与审计师变更显著正相关，说明当重组公司的原审计师审计成本高于新审计师时，审计师变更的可能性会提高，且该关系在审计成本的多种计量方式中依然稳健，假设1b得到了验证。

表4-5 审计师变更模型回归结果

变量	（1）	（2）	（3）	（4）	（5）	（6）
MAR	0.391***					
	（8.89）					
△AC1		0.083***				
		（22.53）				
△AC2			0.076***			
			（21.47）			
△AC3				0.031**		
				（5.53）		
△AC4					0.052***	
					（13.31）	

（接上表）

△AC5						0.043***
						（9.97）
InvRec	0.236	0.676	0.658	0.489	0.797	0.859
	（1.07）	（0.46）	（0.44）	（0.27）	（0.68）	（0.80）
GrowthR	－0.008	－0.508*	－0.505	－0.579*	－0.522*	－0.573*
	（0.04）	（2.72）	（2.70）	（3.53）	（3.39）	（3.49）
Lev	0.303	－1.408*	－1.374*	－0.979	－1.404*	－1.25
	（1.93）	（3.12）	（2.99）	（1.66）	（3.11）	（2.57）
CFOPS	－0.026	0.407***	0.400***	0.365**	0.392**	0.380**
	（0.34）	（6.85）	（6.68）	（5.79）	（6.51）	（6.22）
ROA	－1.635***	－2.607	－2.645	－5.145**	－4.405**	－4.344**
	（13.17）	（1.53）	（1.58）	（6.33）	（4.61）	（4.52）
ST	0.549***	0.242	0.225	－0.019	0.35	0.237
	（9.66）	（0.05）	（0.05）	（0.00）	（0.13）	（0.06）
Opin	0.659***	0.296	0.258	0.148	－0.029	0.082
	（18.59）	（0.23）	（0.18）	（0.06）	（0.00）	（0.02）
Expert	－2.766***	－8.628*	－8.639*	－7.726*	－8.877**	－8.661**
	（10.94）	（3.83）	（3.83）	（3.41）	（4.27）	（4.14）
Size	－0.01	0.071	0.061	－0.062	0.003	－0.017
	（0.07）	（0.21）	（0.15）	（0.17）	（0.00）	（0.01）
常数项	－2.302***	－2.303	－2.01	0.912	－0.535	－0.136
	（8.89）	（0.50）	（0.39）	（0.09）	（0.03）	（0.00）
样本量	9139	274	274	274	274	274
模型系数混合检验Chi-square	110.014	54.361	53.059	36.006	44.364	40.759
－2Log likelihood	5062.529	259.171	260.473	277.526	269.168	272.773

注：***、**、*分别表示在1%、5%、10%的水平上显著，括号内为Wald统计量。

表4-6是分别以DA1和DA2为因变量的大样本审计质量模型回归结果。（1）栏和（4）栏显示了重大资产重组（MAR）与DA的关系，MAR的系数分别为0.044和0.036，两者均在1%的水平上显著正相关，说明重组公司的操控性应计利润显著高于其他公司，即审计质量显著低于其他公司，假设2a得到了验证，并与国外

研究结论一致。

（2）栏和（5）栏显示了审计师变更Switch与DA的关系，Switch的系数分别为0.024和0.023，两者均在1%的水平上显著正相关，说明审计师变更公司的审计质量较低，与已有研究结论一致。

（3）栏和（6）栏显示了交叉项MARxSwitch与DA的关系，加入交叉项后MAR和Switch与DA的显著关系均不改变，MARxSwitch的系数分别为0.086和0.103，且在1%的水平上显著正相关，即与MAR的符号一致，说明审计师变更会加剧重组公司的盈余操纵，假设2b得到了验证。

表4-6　审计质量模型回归结果——大样本

变量	DA1			DA2		
	（1）	（2）	（3）	（4）	（5）	（6）
MAR	0.044***		0.035***	0.036***		0.025***
	（6.35）		（4.73）	（6.61）		（4.32）
Switch		0.024***	0.014**		0.023**	0.011**
		（3.62）	（2.02）		（4.34）	（2.04）
MAR×Switch			0.086***			0.103***
			（3.90）			（5.94）
InvRec	0.088***	0.087***	0.087***	0.081***	0.081***	0.080***
	（8.63）	（8.55）	（8.49）	（10.12）	（10.03）	（9.93）
GrowthR	0.060***	0.063***	0.057***	0.056***	0.059***	0.053***
	（13.22）	（14.10）	（12.59）	（15.72）	（16.63）	（14.84）
RevnVola	－0.013***	－0.011***	－0.013***	－0.005**	－0.004	－0.005**
	（－4.52）	（－3.99）	（－4.46）	（－2.12）	（－1.56）	（－2.05）
CFO	－0.001	－0.001	－0.007	－0.003	－0.003	－0.009
	（－0.17）	（－0.15）	（－0.76）	（－0.46）	（－0.46）	（－1.32）
CFOVola	0.030***	0.032***	0.030***	0.034***	0.036***	0.034***
	（6.61）	（7.06）	（6.68）	（9.47）	（9.94）	（9.58）
Lev	0.030***	0.029***	0.029***	0.011**	0.010*	0.010**
	（4.73）	（4.57）	（4.62）	（2.14）	（1.95）	（2.04）
Loss	0.050***	0.051***	0.049***	0.016***	0.016***	0.015***
	（7.67）	（7.71）	（7.49）	（3.10）	（3.12）	（2.86）
TobinQ	0.001）	0.001）	0.001	0.001	0.001	0.001
	（1.50）	（1.52）	（1.50）	（1.34）	（1.36）	（1.34）

（接上表）

						（接上表）
常数项	0.133***	0.121***	0.132***	0.069***	0.060***	0.069***
	（5.53）	（5.04）	（5.49）	（3.68）	（3.16）	（3.64）
样本量	8355	8355	8355	8355	8355	8355
F	53.316***	50.13厂	46.222***	67.984***	65.040***	60.756***
AjusiedR2	0.053	0.05	0.056	0.067	0.065	0.073

注：***、**、*分别表示在1%、5%、10%的水平上显著，括号内为 t 统计量。

表4-7的（1）栏和（2）栏是重组公司样本的审计质量模型回归结果。审计师变更（Switch）与审计质量DA1和DA2的系数分别为0.042和0.077，但均不显著，说明重组公司中变更与未变更公司的审计质量没有差异。前文已证实重组公司的审计质量较低，即变更公司的审计质量与未变更公司一样低，说明变更公司在满足审计成本最优的前提下，审计师重新获得了相同盈余操纵空间，假设3a得到了验证。

表4-7的（3）栏和（4）栏是审计师变更公司样本的审计质量模型回归结果。重大资产重组（MAF）与审计质量DA1和DA2的系数分别为0.085和0.086，均在5%的水平上显著，说明审计师变更公司中重组公司的操控性应计利润显著高于其他变更公司，即重组公司的审计质量显著低于其他变更公司，假设3b得到了验证。

表4-7 审计质量模型回归结果——分样本

变量	（1）DA1		（2）DA2		（3）DA1		（4）DA2	
Switch	0.042	（0.60）	0.077	（1.36）				
MAR					0.085**	（2.31）	0.086**	（2.53）
InvRec	0.380**	（2.51）	0.464***	（3.76）	0.182***	（3.25）	0.174***	（3.35）
GrowthR	0.058***	（4.95）	0.042***	（4.38）	0.104***	（4.92）	0.103***	－5.23
RevnVola	－0.063	（－1.30)	－0.034	（－0.86）	－0.021	（－1.30）	－0.01	（－0.70）

（接上表）

CFO	-0.035	(-0.72)	-0.019	(-0.49)	-0.091**	(-2.54)	-0.112***	(-3.38)
CFOVola	-0.024	(-0.66)	-0.02	(-0.68)	0.209***	(2.81)	0.260***	(3.77)
Lev	0.228	-1.51	0.145	(1.17)	0.02	(1.50)	0.011	(0.95)
Loss	-0.035	(-0.22)	-0.098	(-0.75)	0.084***	-2.65	0.03	(1.04)
TobinQ	-0.001	(-0.04)	-0.002	(-0.10)	-0.003	(-0.33)	0	(-0.06)
常数项	0.41	(0.94)	0.173	-0.49	0.176	(1.25)	0.08	(0.61)
样本量	260		260		693		693	
F	4.768***		5.439***		9.491***		11.520***	
Ajusted R^2	0.116		0.134		0.1		0.121	

注：***、**、*分别表示在1%、5%、10%的水平上显著，括号内为 t 统计量。

（四）稳健性分析

为了确保研究结论的稳健性，该研究组还进行了稳健性检验，研究结论依然成立。由于篇幅所限，下面仅分析重要的检验结果。

1.改变审计成本计量方式

研究者采用哑变量计量审计成本，当审计成本AC大于0时取1，否则取0，检验结论不变。

2.增加控制人变化变量

重组公司发生控制人变化的情况较为常见，已有研究发现控制人变化与审计师变更正相关。为了验证重组公司的审计师变更并非由控制人变化所引起，研究者在重组样本的审计师变更模型中加入了哑变量控制人变化，分别对五种审计成本AAC进行回归（表4-8）。结果显示，控制人变化与审计师变更均在1%的水平上显著正相关，与已有研究结论一致。

除按照净资产账面价值计量的审计成本AAC3外，审计成本与审计师变更的显著关系不变，是因为部分绩差重组公司的净资产账面价值较低，甚至为负，从而导致审计成本异常。但总体而言，控制人变化不影响审计成本与审计师变更的关系，结论是相对稳健。

表4-8 审计师变更模型回归结果——重组公司样本的控制人变化影响

变量	（1）	（2）	（3）	（4）	（5）
AAC1	0.066***				
	（12.57）				
AAC2		0.059***			
		（11.65）			
ΔAC3			0.018		
			（1.60）		
ΔAC4				0.039**	
				（6.41）	
ΔAC5					0.031**
					（4.74）
ContrChan	1.221***	1.242***	1.602***	1.427***	1.517***
	（7.75）	（8.05）	（14.65）	（11.20）	（13.10）
InvRec	0.992	0.985	1.008	1.131	1.209
	（0.96）	（0.95）	（1.06）	（1.31）	（1.51）
GrowthR	−0.599*	−0.597*	−0.664**	−0.618**	−0.661**
	（3.59）	（3.58）	（4.06）	（4.00）	（4.15）
Lev	−1.583*	−1.557*	−1.334*	−1.621**	−1.537*
	（3.72）	（3.62）	（2.76）	（3.88）	（3.55）
CFOPS	0.406***	0.401***	0.379**	0.396***	0.390**
	（6.86）	（6.72）	（6.12）	（6.60）	（6.45）
ROA	−2.332	−2.373	−4.067*	−3.613*	−3.508*
	（1.14）	（1.19）	（3.61）	（2.92）	（2.74）
ST	0.554	0.545	0.461	0.686	0.625
	（0.29）	（0.29）	（0.24）	（0.50）	（0.43）
Opin	0.554	0.529	0.556	0.375	0.483
	（0.77）	（0.71）	（0.80）	（0.36）	（0.60）
Expert	−7.895*	−7.879*	−6.852	−7.915*	−7.605*
	（2.99）	（2.97）	（2.39）	（3.09）	（2.90）

（接上表）

Size	0.176	0.168	0.091	0.137		0.127
	（1.15）	（1.06）	（0.33）	（0.72）		（0.64）
常数项	－4.713	－4.49	－2.668	－3.669		－3.5
	（1.89）	（1.73）	（0.67）	（1.21）		（1.12）
样本量	274	274	274	274		274
模型系数混合检验 Chi-square	62.166	61.165	51.033	55.744		54.178
－2 Log likelihood	251.366	252.367	262.499	257.788		259.354

注：***、**、*分别表示在1%、5%、10%的水平上显著，括号内为Wald统计量。

3.对审计质量模型分样本进行t+1期补充回归

由于研究者未搜集到2013年数据，样本量有所减少。表4-9（1）栏和（2）栏给出重组样本回归结果，即变更公司与未变更公司DA第二年仍无显著差异。（3）栏和（4）栏审计师变更样本的回归结果显示，重大资产重组（MAF）与DA在10%的水平上显著正相关，与 t 期回归结果相比，仅在显著性水平上有所降低，说明消除审计任期影响后，重组公司的DA仍高于其他变更公司。模型拟合度AjustedR2比 t 期回归模型提高了近20%，说明这些变量能够更好地解释进入重组年和审计师变更年第二年后的盈余操纵行为。

4.对审计质量模型中审计师变更公司的分样本补充回归

由于研究者未搜集到2013年数据，样本量有所减少。表4-9（5）栏和（6）栏将重组变更公司 t 年数据与其他变更公司t+1年数据合并的回归结果显示，模型的拟合度显著低于t+1期模型，而重大资产重组（MAF）与DA仍然在1%的水平上显著正相关，说明变更当年重组公司的DA高于其他变更公司的现象受审计师任期差异影响较小，更主要的原因是审计师满足了重组公司的盈余操纵需求。

表4-9 审计质量模型回归结果——分样本补充回归

变量	（1）DA1（t+1）	（2）DA2（t+1）	（3）DA1（t+1）	（4）DA2（t+1）	（5）DA1（t，t+1）	（6）DA2（t，t+1）
Swith	－0.075	－0.065				
	（－0.67）	（－0.63）				
MAR			0.064*	0.057*	0.127***	0.128***
			（1.72）	（1.92）	（2.72）	（2.99）
InvRec	0.409***	0.327*	－0.041	－0.019	0.264***	0.282***
	（3.24）	（2.78）	（－0.65）	（－0.37）	（2.83）	（3.29）
GrowIhR	0.080***	0.081*	0.082***	0.076*	0.064***	0.058***
	（4.28）	（4.67）	（6.81）	（7.90）	（2.73）	（2.70）
RevnVola	－0.007	－0.031	－0.044**	－0.025*	－0.03	－0.011
	（－0.16）	（－0.75）	（－2.44）	（－1.70）	（－1.14）	（－0.48）
CFO	－0.329***	－0.339***	－0.282***	－0.295***	0.044	0.04
	（－6.27）	（－6.95）	（－7.85）	（－10.15）	（0.91）	（0.89）
CFOVola	－0.042	－0.031	0.094	0.097*	－0.059	－0.054
	（－0.73）	（－0.58）	（1.49）	（1.92）	（－0.60）	（－0.59）
Lev	－0.214	－0.174	0.052	－0.026	0.104	0.03
	（－1.24）	（－1.08）	（0.85）	（－0.52）	（1.28）	（0.40）
Loss	0.067	0.03	0.048	－0.023	0.071	0
	（0.50）	（0.24）	（1.40）	（－0.82）	（1.40）	（0.01）
TobnQ	－0.005	－0.007	－0.002	－0.002	－0.004	－0.002
	（－0.22）	（－0.31）	（－0.20）	（－0.22）	（－0.32）	（－0.21）
常数项	0.213	0.412	0.431***	0.298**	0.199	0.073
	（0.55）	（1.14）	（2.78）	（2.38）	（0.90）	（0.36）
样本量	158	158	397	397	424	424
F	12.516***	14.530***	27.462***	41.980***	4.465***	5.067***
Ajusled R^2	0.399	0.438	0.376	0.482	0.069	0.08

四、重大资产重组研究结论与启示

(一)重大资产重组研究结论

该研究以2007至2012年获得批准进行重大资产重组的公司为核心样本,研究了重大资产重组公司的审计师变更行为及审计质量。处于重大资产重组期间的上市公司由于发生了企业边界调整,原有的审计关系平衡被打破,其更容易发生审计师变更。审计师变更的目的并非是向后任审计师购买审计意见,变更决策主要考虑审计成本最优,原审计师的审计成本越高,变更审计师的概率越大。处于重组期间的公司由于受到实现重组盈利预测的压力,以操控性应计利润绝对值计量的审计质量显著低于其他公司,而且审计师变更会加剧重组公司审计质量的降低程度。分样本分析进一步印证了以上结论[1]。

对于重组公司而言,审计师变更公司与未变更公司的审计质量无差异,即两者审计质量水平均低于非重组公司,变更公司从后任审计师那里获得与非变更公司相同的盈余操纵空间,则说明即使不变更审计师,也可以使前任审计师默许公司以实现盈利预测目标为目的的盈余操纵行为。因此,审计师变更并不是为获得更大的盈余操纵空间,从侧面验证了审计成本最优是审计师变更的关键因素的结论。消除审计任期影响后,该结论依然稳健。在审计师变更的公司中,审计师变更与审计质量负相关,而重组公司的审计质量显著低于其他变更公司,进一步印证审计师变更会加剧重组公司审计质量降低程度的结论。

(二)重大资产重组研究启示

虽然重大资产重组公司的审计关系是审计成本最优的决策结果,但审计师变更的合理性不能掩盖其为了实现盈利预测而进行盈余操纵的现实。审计师变更行为一直都是监管的重点,今后的监管应进一步突出重大资产重组公司的风险性,将其列入监管重点清单,以便及时发现盈余操纵行为。重大资产重组公司整体审计质量较低的证据,支持目前实施年报审计师风险提示的监管思路,但监管部门仍有必要对处于重组期间的公司进行全面监管。从重组计划酝酿到重组实施完毕后的较长一段时间,都属于盈余操纵的风险期,监管部门应进一步扩大监管的时间跨度,并将实现盈利预测压力较大的公司作为重中之重进行监管。

---

[1] 王睿,林书宇.重大资产重组对审计师变更影响研究[J].财经问题研究,2015,(8):83-89.

第四节　企业资产重组审计风险的控制研究

资产重组动因和绩效一直是学术界研究的热点，可以说动因和绩效研究是从资产重组直接交易双方出发进行的探讨，然而必须关注资本市场中的第三方——审计人员作为信息中介的存在。可以认为，资产重组是基于会计信息交易的契约，资产重组交易双方通过会计信息决定是否进行资产重组交易以及交易价格决策，因此标的资产会计信息质量至关重要。

审计人员对标的资产财务报表信息进行信息鉴证，对是否真实公允发表审计意见。如此可减少资产重组交易双方的交易成本并提高资产重组效益，促进资本市场资源的有效配置。当然，审计人员相应也承担责任。

一、资产重组审计风险及其计量模型

（一）资产重组审计风险的内涵

审计风险指审计人员对企业财务报表进行审查后，对财务报表的公允性发表不恰当的审计意见而导致的行政责任、民事责任和刑事责任风险。对于资产重组审计风险，有必要从审计需求供给角度进一步分析。

资产重组主要包括股权转让、收购兼并、资产剥离、资产置换四类，不仅是交易双方存在审计需求，由于资产重组交易涉及资源配置优化，所以资本市场也存在一定审计期望。审计责任和审计风险密切相关，对审计责任的追究是导致审计风险产生的社会原因。资产重组交易双方和整体资本市场需要审计人员对拟购买标的资产的财务报表信息是否真实，公允地反映企业经济实质发表审计意见，期望以较高质量的会计信息降低缔约双方交易成本，从而提高决策经济性（此处交易成本主要为计量成本，指审计后的会计信息降低双方信息不对称程度，同时降低后续资产评估成本和谈判博弈成本）。由此可以认为，资产重组审计风险是对标的资产财务报表发表不恰当的审计意见而导致资产重组失败或信息使用者决策失误的可能性。

（二）资产重组审计风险的特征表现

1.资产重组审计风险的普遍性

资产重组是基于企业环境和发展战略的重大决策，具有较高的环境敏感性。宏观政治经济环境、行业环境以及利益相关者等方面因素具有较高不确定性，任

意环境因素或其他未预测因素变化都可能相互影响或产生累积影响,从而导致资产重组失败。可见,资产重组审计的固有风险极高,其不可控因素大大增加资产重组审计风险。

在资产重组审计中,管理层具有极高的合约动机和政府监管动机,编制虚假财务报告进行财务舞弊。动机具体表现为标的资产管理层为提高交易价格或者获取其他有利合约条款虚增收入操纵利润、实际控制人为通过证监会审批隐瞒利用资产重组进行利益输送的事实等。财务舞弊通常与管理层凌驾于控制之上有关,具有较高财务报表层次重大错报风险,审计潜在风险也较高。

2.资产重组审计风险的动态性

资产重组需要经历计划决策、战略执行以及证监会核准等阶段,每个阶段对审计人员的要求也有所不同。在资产重组计划决策阶段,需要审计人员以尽职调查为重点,关注标的资产的持续经营能力和价值,以及资产重组交易双方是否存在隐瞒的关联方关系;在重组执行阶段,需要对标的资产财务报表进行专项审计,对会计信息是否真实公允进行鉴证,一方面为资产评估提供基础,另一方面支撑资产重组整个过程判断决策;若涉及盈利预测报告,需要对盈利预测报告的可靠性进行审计。可见,不同阶段资产重组审计内容有所不同,需要审计人员持续关注,以及时识别评估潜在审计风险。

3.资产重组审计风险的复杂性

资产重组涉及较多的关联方交易,复杂的关联方交易和多方利益博弈增加了审计难度,提高了审计风险。关联方交易因其广泛而复杂的关系和组织结构特性,一直是审计高度关注的领域,如何识别和评估资产重组交易中潜在的关联方关系,需要审计人员保持审慎的职业怀疑,同时对具有支配性影响的实际控制人利益输送信息或事项保持警觉。

大量资产重组交易是出于结构调整、提高独立性为主要目的,已披露的关联方关系令审计人员有所关注,并在审计计划、实施阶段注意搜集相关审计证据给予支撑,并不具有更高的审计风险;相较之下,审计人员更需要高度关注的是未披露的关联方,尤其是企业集团的实际控制人。若存在未披露的关联方,则此资产重组可能为实际控制人操纵进行利益输送的掏空或支持行为,可能涉嫌内部违法违规交易。然而,判断是否存在潜在的关联方关系,判断资产重组是否具有商业实质存在一定复杂性。

资产重组为达到企业结构优化、经营协同等目的，对标的资产的长期价值和未来发展能力有一定要求，往往涉及盈利预测报告和业绩承诺补偿。对标的资产价值和未来持续经营能力以及盈利预测报告的合理性和可实现性做出判断，需要审计人员根据标的资产经营历史情况对未来预期进行测算。可见，审计复杂度和风险都很高。

（三）资产重组审计风险的计量模型表示

根据现代风险导向审计模型，审计风险主要由财务报表重大错报风险和检查风险构成。资产重组审计风险的计量模型可表示为：

资产重组期望审计风险（EAR）＝重大错报风险（ROSM）×检查风险（DR）

在既定的审计风险水平下，可接受的检查风险与财务报表重大错报风险呈反向关系。资产重组重大错报风险与资产重组交易双方相关，独立于资产重组审计而存在，审计人员需要通过设计和执行有效的审计程序，降低检查风险，以将审计风险降低至可接受的合理水平。

可允许检查风险水平（ADR）＝期望审计风险（EAR）/重大错报风险（ROSM）

二、资产重组审计风险的成因

审计风险的基本模式是由审计活动的主体和客体两方面要素构成，资产重组审计风险成因应当从资产重组交易双方以及审计人员两方面出发进行分析。其中，资产重组审计对象主要是标的资产，但考虑资产重组交易可能涉及关联交易及利益输送等问题，可能构成重大错报风险。因此，审计客体中有必要将资产购买方也纳入分析框架。

（一）资产重组交易双方的原因剖析

1."机会主义"资产重组行为

目前，我国资产重组存在大量"机会主义"行为。我国资产重组行为应考虑中国资本市场特殊的制度环境，在较强政府干预和法律管制环境下的机会主义资产重组大致具有两种目的。

一是利用资产重组进行盈余管理，即通过资产重组将劣质资产、经营不善的亏损业务以及相关成本、费用和债务剥离给母公司或其他关联企业，再通过会计调整扭亏为盈。盈余管理也大多出于防止退市、满足配股要求等政府监管动机。

二是企业集团实际控制人利用资产重组转移资产进行利益输送。一般认为，上市公司并购行为具有关联性和同属性，而且控股股东会利用资产重组和其他关联交易转移公司资源以侵占中小股东利益。

资产重组交易是否具有商业实质十分重要。《上市公司重大资产重组管理办法（2016修订版）》规定资产重组应有利于形成或保持健全有效的法人治理结构，且不存在损害上市公司和股东合法权益的情形。如果资产重组明显不符合商业逻辑或者违反法律法规要求，资产重组的真实性和合法合规性可能存在问题，会为报表层和认定层带来重大错报风险。

2.盈利预测报告与未来业绩承诺的高度不确定性

资产重组审计中除了关注是否存在操纵应计会计利润进行盈余管理的交易或事项，如资产减值和折旧不符合实际、空挂应收账款等不良资产以及低估预计负债等错报风险，还应当注意另一个审计风险高发区，即盈利预测报告和未来业绩补偿承诺。业绩补偿承诺本质是一种对赌协议，对于业绩承诺有从信号假说和激励效应假说解读认为有正向促进作用；也有认为业绩承诺导致高溢价，反而损害中小股东利益，在资产重组整合阶段，为达到约定业绩也会成为上市公司盈余管理的新动因。

对于审计人员而言，盈利预测报告一方面是基于历史数据对标的资产未来价值与经营风险的判断，而对未来宏观环境、行业环境以及企业经营发展和风险的预测本身具有复杂性和高度不确定性，发生重大错报风险的可能性较大；另一方面，通过盈利预测报告和未来业绩承诺释放的会计信号直接影响交易定价，不合理的高定价会导致购买方决策失误。

3.非会计信息披露质量存在问题

资产重组审计主要是通过对标的资产财务报表审计，以降低双方信息不对称性和交易成本。由于受限于企业复杂经济活动和会计准则缺陷，在某些情况下，会计信息可能无法表达所有重要信息或受限于现有会计准则无法真实、公允表现企业经济实质，而非会计信息的披露可提供更多决策有用的信息，弥补会计信息不足，提高财务报表信息可靠性和相关性。

财务报表附注披露关于经营战略和绩效、会计政策和会计估计所依据的假设逻辑、资产性质（如是否归属重污染，是否符合环保标准等）和权属说明以及是否可能存在强制停业、行政罚款等潜在法律风险和经营风险等内容都将提供辅助或佐证信息，有助于审计人员判断标的资产真实经济状况和未来盈利预测。

然而，我国财务报表附注披露质量良莠不齐，存在披露不完整、不可靠等问题，无法提供相关有用信息，且资产权属存在或潜在法律风险、税务风险等问题，往往是管理层容易隐瞒事项，存在管理层凌驾于内控之上的风险。

（二）审计人员专业能力和职业道德欠缺

检查风险取决于审计人员审计程序设计的合理性和执行的有效性。审计人员只要遵照审计准则要求并充分考虑社会需求实施审计，一般不存在审计风险。如果审计人员屈服于经济利益诱惑等因素，没有严格按照审计准则要求执业，将会导致较高的检查风险。

在资产重组审计中，首先由于资产重组审计的复杂性和高风险性，尤其需要审计人员具备专业胜任能力，保持审慎的职业怀疑，一旦指派不合格的审计人员进行审计，若对资产重组交易双方环境了解不足，无法对标的资产价值和关键风险做出正确判断，可能因审计重要性设置偏差、审计资源配置不当和审计程序设计与执行不当等原因导致审计失败风险。其次，考虑较高的资产重组审计收费以及我国会计师事务所激烈的竞争格局，审计人员作为理性经济人，资产重组审计极易使审计人员屈服于经济利益或为获得资产重组审计领域较高声誉而丧失独立性，出具不实的审计报告。

三、资产重组审计风险的控制策略

资产重组审计风险是从审计人员角度提出的责任风险，考虑我国资产重组受制度环境影响较大，以及资产重组审计风险本身与审计人员、财务报表准则以及监管机构三方息息相关，因此拟立足于资本市场角度，从会计师事务所审计对策、会计信息所依据的会计准则以及证监会监管行为三方协同作用出发，探究资产重组审计风险控制策略。

（一）以战略分析为基础，确定审计重点

资产重组是企业重大战略决策，需要审计人员树立战略观和系统观，运用现代风险导向审计模型指导审计过程。由于资产重组业务关键在于价值估值的合理性，而真实公允的会计信息可减少交易成本，审计人员需要在资产重组审计中提高会计信息质量，使其真实公允反映企业价值，以提高决策经济性。资产重组审计重点应是对企业价值有重大影响的相关事项和交易，即价值驱动因素和关键经营风险。审计人员应根据被审计单位战略及其环境了解，通过价值链分析寻找其价值驱动因素和关键经营风险，以此大致确定审计重点领域。

审计重点的确定不仅考虑时间成本限制，且基于战略分析确定影响企业价值的关键因素评估分析,有利于审计人员确定高风险审计领域,提高审计效率、降低审计责任风险。

由于战略分析是企业计划性、长期性和全局性决策的行动方式,对未来有一定引导性,基于战略分析的价值驱动因素和关键经营风险所确定的审计方向与审计重点,有利于审计人员对存在高度不确定性的会计估计、盈余预测报告的合理性有更为清晰的认识,对此,审计人员可采取相应审计程序获取更可靠、更具说服力的审计证据,以降低审计风险。

(二)强化审计人员行业专长,强化职业道德建设

审计质量受到独立性与专业技能的联合作用。由于资产重组审计风险具有复杂性、普遍性和动态性等特征,需要审计人员具备一定专业胜任能力。资产重组无论是扩张并购还是收缩剥离,都涉及组织边界调整问题,对此要特别强调审计人员行业专长能力的作用。

行业专长是审计师核心竞争力的重要体现,只有具备行业专长能力,审计人员才可根据对资产重组行业环境的了解,分析交易双方的供应链和价值链,以此明确标的资产价值评估的关键领域,也可对资产重组交易是否具有商业实质有更精准的判断。

当审计人员的独立性被削弱时,即便具有较高的专业审计技能,也难以达到较高的审计质量。资产重组是企业重大战略决策,可能出现购买审计意见现象,需要重点关注审计人员独立性和职业道德建设。对此,审计人员必须意识到其作为信息中介所提供的信息对交易双方、资本市场配置资源的重要性。审计人员对于高风险的资产重组审计应当保持审慎的职业怀疑,同时保持独立性,树立职业道德和社会责任意识,为资本市场提供高质量、真实可靠的信息资源。

(三)完善相关资产重组会计准则

审计对象信息是财务报表,而财务报表编制所依据的会计准则本身可能存在固有缺陷,有必要对资产重组会计准则进行探讨。对于运用何种会计处理才可更好地展现资产重组交易的经济实质、表达相关的会计信息,一直是业界讨论的重点。近几年爆发的"商誉黑天鹅事件",更是激起学术界和实务界对商誉计提减值还是累积摊销大讨论,而这正是前期资产重组对标的资产价值判断偏差以及盈余预测和业绩承诺估计较高导致。

另外,资产重组审计需重点关注与标的资产价值和持续经营能力相关的信

息，而财务报表会计信息有限或不能完全反映企业真实经济效益和未来发展能力，此时财务报表附注内容尤为重要。对此应强化财务报表附注等非会计信息披露的制度性要求，明确附注内容的作用及其对企业价值披露的重要性。通过规范附注内容披露，使其对会计信息起到补充说明的佐证作用。比如管理层选择会计政策和会计估计的假设和依据逻辑、业绩和经营风险分析的管理层说明，以及标的资产是否存在或潜在的法律诉讼、行政处罚、税务风险等事项。此类非会计信息对资产价值和关键风险判断至关重要，只有通过强制性准则规范，对财务报表附注信息进行原则导向规定和标准化强制要求，才可能引起管理层重视，从而增加信息含量，相应地减少审计人员审计成本和责任风险。

（四）加强监管执行效率，提高审计违法成本

法治的执行效率比法律条文对促进金融发展更为重要，尤其是在转型国家。我国证券市场由政府在资源配置中起主导作用，审计作为信息中介更需要政府加强执法力度进行监管规范，通过增强信息可靠性，提高资本市场资源配置效率。

审计违规成本和收益的不对称，使审计人员屈服于经济利益而丧失独立性导致审计失败。对此，证监会应加强对资产重组业务的核查，并对违法违规行为加大处罚力度，以起警示威慑作用。对于调查取证难的问题，应考虑利用专家工作，全面指导、参与核查过程，从行政执法角度对资产重组审计业务进行规范引导。

第五章　市场管理的多元化与审计市场管理探析

随着市场经济的深入发展，相关部门的审计行业也在不断变化。本章主要探讨市场经营组织与交易、竞争行为管理，市场化改革进程中的企业管理，审计市场管理机制解读，上市公司审计市场的管理探析。

第一节　市场经营组织与交易、竞争行为管理

一、市场经营组织管理

市场经营组织指以市场客体、市场主体、市场媒体为经营对象，根据经营需要而组成的经营机构。市场经营组织管理是对市场经营组织的具体经营形式进行管理。不同的市场经营组织形式直接决定市场组织主体和供求主体之间的相互关系。只有合理地对市场经营组织形式进行管理，才能保障市场各方当事人的正当权益，才能保证市场经济的正常运行。

按照市场经营过程中各市场主体的直接经营对象不同，可以将市场经营组织管理具体分为市场客体经营组织的管理、市场主体经营组织的管理和市场媒体经营组织的管理。下面重点论述市场客体与主体经营组织的管理。

（一）市场客体经营组织管理

市场客体经营组织是市场经营组织直接以市场客体为经营对象的市场经营组织。这种市场经营组织主体直接拥有市场客体的所有权，市场内部法律关系仅限于市场经营组织与市场供给主体之间的需求与供给关系，以及市场经营组织与市场需求主体之间的供给与需求关系。每一种法律关系的产生与消灭，都是以当事人双方的约定或市场客体所有权的转移为前提。市场客体经营组织形式管理，主要包括组织形式管理和组织关系管理。

1. 组织形式管理

按照有无固定的经营场所，可将市场客体经营组织分为有形市场经营组织和无形市场经营组织。因此，市场客体经营组织形式管理，主要包括有形市场经营组织形式管理和无形市场经营组织形式管理。

（1）有形市场经营组织形式管理。

有形市场经营组织形式，指在市场客体流通的市场上，具有固定的市场客体经营场所，有相应的市场经营设施、市场技术设备、市场经营管理组织等条件。

有形市场经营组织形式管理，指对专门从事市场客体流通行为场所的市场经营组织形式所实施的管理。采取这种市场组织形式具有相对稳定的市场客体经营场所，具有相应的市场客体经营服务和比较严格的市场组织制度，以及相应的市场经营管理手段。

通常情况下，有形市场经营组织具有法人地位，是一个独立的经济实体，设立需要经过市场准入程序，变更要履行变更登记手续，业务经营必须严格限制在规定的业务范围内，是比较规范的市场客体经营市场。

按照有形市场经营场所的固定性期限，可以将其具体分为稳定性市场和临时性市场两种。稳定性市场，如各种商场、商店、交易所等；临时性市场，如各种展销会、订货会、交易会、拍卖会等。临时性市场一般有销售期限，期满即散。从市场经营组织数量看，有形市场又可分为单一市场经营组织和多个市场经营组织。单一市场经营组织指某一特定市场内经营的市场客体，其所有权属于一个市场经营组织所有；多个市场经营组织指由众多市场经营者在某一特定市场内同时从事经营活动的集中经营场所。

（2）无形市场组织形式管理。

无形市场组织形式，指在进行市场客体经营的市场上，市场客体买卖双方只存在交易关系，没有固定交易场所和市场交易设施，也没有相应的市场经营管理组织的市场经营组织。

无形市场经营组织形式管理，指对专门从事市场客体流通行为的市场经营组织形式所实施的管理。无形市场经营组织具有两种基本经营组织形式：①借助邮电、通信系统从事市场客体交换活动，包括市场客体的邮寄交易、电信融资交易、电子网络交易等。②流动性交易、直接销售交易，以及其他无形的交易活动。

第五章 市场管理的多元化与审计市场管理探析

无形市场与有形市场的划分是相对而言。一方面，任何活动都存在于一定时空中。事实上，无形市场不仅有交易地点，而且常常借助固定的有形市场进行交易活动，只是不经常、无规律地借助某个经营场所进行市场客体交换。另一方面，无形市场是以有形市场为依托，是有形市场的延伸。无形市场交易行为的实施主体，都要有其法律认可的营业地点或范围。

2.组织关系管理

市场客体经营组织形式，是一种特殊的市场客体流通形式。它的基本法律特征主要表现为市场的组织主体、供给主体及需求主体，必须直接享有市场客体的所有权；市场客体流通行为不需要任何中介机构提供服务，也不存在任何中介法律关系，这就决定了其必然会形成特定的市场组织关系。通常情况下，市场客体经营组织制度包括市场组织、市场供给和市场需求三方主体，会形成市场组织主体与供给主体，市场组织主体与需求主体之间两种基本的市场客体流通关系。

（1）市场组织主体与供给主体的关系。

市场组织主体与供给主体的关系，主要是市场客体的交易关系。按照市场组织主体与供给主体之间的权利义务，可以将其具体分为市场客体的直接购销关系、包销关系和代理关系。

①市场客体的直接购销关系，是市场组织主体与市场供给主体直接购销市场客体的关系，即市场供给主体直接将市场客体销售给市场组织主体。在此过程中，市场供给主体的主要义务是根据双方契约按时保质保量地交付市场客体，同时将市场客体的所有权转移给市场组织主体，并且负责保障该市场客体权利不被第三人追索。如果第三人提出对该市场客体的权利，供给主体有义务证明该第三人无权追索。

市场组织主体的主要义务是按规定接受市场客体并支付价款，以取得该市场客体的全部归属权利。除市场供给主体所交付的市场客体不符合合同规定外，市场组织主体不得以任何借口拒付价款，对拒付价款的市场客体，市场组织主体有代为保管的义务。

②市场组织主体与市场供给主体包销关系，指市场组织主体同市场供给主体签订包销协议，规定市场供给主体在一定时期和一定地区内就一种或数种市场客体给予市场组织主体以独家经销的专营权利。这种专营权利不仅要求市场供给主体在包销协议约定的时期和地区内独家销售某种市场客体的权利授予市场组织

主体，而且要求市场组织主体向市场供给主体承担在包销协议约定的时期和地区内，不向第三方购买同种（类）市场客体的义务。因此，包销关系同样是当事人双方的买卖关系，即市场供给主体以包销方式，把市场客体销售给市场组织主体。与一般直接购销关系所不同，只是买卖双方除了受购销合同的约束外，还需要事先由市场供给主体与市场组织主体之间签订包销协议，并据此确定双方之间的包销关系，划分各自权利和义务。

③市场组织主体与市场供给主体代理关系。即当事人双方的商业代理关系。商业代理指代理商（市场组织主体）根据委托商（市场供给主体）的授权，在特定地区和一定期限内，代表委托商向第三方（买主）办理与市场客体交易有关的事宜。代理人根据委托代理权，以委托人的名义进行活动，委托人则根据委托协议（代理协议）承担责任。

在代理方式中，委托商与代理商之间属于委托代理关系，而不是买卖关系。代理商是中间人，旨在赚取佣金。代理人有积极推销市场客体的义务，但不承担经营风险，不负担盈亏。双方在确立代理关系前，需要签订代理协议。委托商与代理商双方签订的代理协议应明确规定各自应承担的义务。

委托商承担的主要义务是：支付佣金或其他约定的报酬；偿付代理商因履行代理义务所支出的费用；允许代理商查看有关账目，以核对所付佣金是否正确等。代理商的主要义务包括：赔偿因自己的过失给委托商造成的损失；除非另有约定，不得以委托商的名义同自己签订合同；应无保留地向委托商提供其掌握的一切情况，供委托商考虑是否同买主签订合同；不得在代理业务中受贿或谋取私利，以损害委托商的利益；必须向委托商申报有关账目；不得泄露代理业务的秘密；不得将其代理权转托他人等。

（2）市场组织主体与需求主体的关系。

市场组织主体与需求主体的关系，主要是市场客体的交易关系。根据市场组织主体与需求主体之间的权利义务，可以将其具体分为市场客体的直接购销关系和分期付款购销关系。

市场客体直接购销关系是市场组织主体与需求主体的基本法律关系。市场客体供给与需求双方以转移客体所有权为目的，通过市场需求主体接受组织主体交付的市场客体并支付相应价款的交易行为，依法取得该市场客体的全部财产权利。同这种市场客体交易关系相对应，市场组织主体交付市场客体并接受市场需

第五章 市场管理的多元化与审计市场管理探析

求主体交付的价款后,即失去该市场客体的所有权。

分期付款购销方式主要应用于耐用消费品及不动产。某些耐用消费品及不动产价格昂贵,一般的市场需求主体难以一次付款购买,市场组织主体采用分期付款的销售方式促进销售,即市场需求主体在购买时支付一定比例的价款,余款分期支付。

分期付款购销方式可分成两种不同情况,由此产生的市场组织主体与市场需求主体的法律关系不尽相同。其一,抵押贷款形式。即市场需求主体向金融机构贷款,并以所购买的市场客体为抵押物,把取得的贷款交付给市场组织主体。这样,市场需求主体取得了市场客体所有权并抵押给金融机构。市场需求主体分期偿还金融机构的贷款,贷款期限届满后不能偿还贷款的,金融机构可以用处置抵押物的价款优先受偿。其二,市场组织主体保留市场客体的所有权。即在市场需求主体没有全部支付完市场客体价款之前,市场组织主体仍保留市场客体的所有权,但市场需求主体在此期间有占有、使用市场客体的权利,直至价款全部付清后才能取得市场客体所有权。

市场组织主体与市场需求主体的关系,除对市场客体所有权的关系外,还体现在相互之间的权利与义务上。在市场客体的购销关系中,市场需求主体的权利包括:市场需求主体在购买、使用市场客体时,享有保障其人身、财产安全不受损害的权利;有知悉其购买、使用的市场客体真实情况的权利;自由选择市场客体的权利;公平交易的权利;市场需求主体因购买、使用市场客体受到人身财产损害的,有依法获得赔偿的权利;在购买、使用市场客体时,享有人格尊严、民族风俗习惯得到尊重的权利等。

市场组织主体在经营市场客体时,应对市场需求主体履行如下义务:市场组织主体必须依法律规定履行义务。如果市场组织主体与市场需求主体有约定,应当按照约定履行义务,但双方的约定不得违背法律、法规的规定;应当听取市场需求主体对其提供的市场客体意见,接受市场需求主体监督;应当保证其所提供的市场客体符合保障人身、财产安全要求;应当向市场需求主体提供有关市场客体的真实信息,不得作引人误解的虚假宣传;应当按照国家有关规定或经营惯例,向市场需求主体出具购物凭证;应当提供符合要求的市场客体;不得从事不公平、不合理的交易活动;不得侵犯市场需求主体的人身权。

（二）市场主体经营组织管理

市场主体经营组织是市场组织主体以市场经营主体为直接经营对象的市场经营组织形式。在这种市场经营组织形式下，市场组织主体不享有市场客体的所有权，也不直接从事市场客体的经营。市场组织主体以市场经营主体为直接经营对象，市场经营主体以市场客体为直接经营对象。

市场内部法律关系主要包括市场组织主体与经营主体之间的市场经营关系，市场经营主体与市场客体供应主体之间的需求与供给关系，市场经营主体与市场需求主体之间的供给与需求关系。市场主体经营组织管理主要包括市场的组织形式管理和组织关系管理。

1.组织形式管理

在市场主体经营组织形式下，市场的组织形式只能是有形市场，而不能采取无形市场组织形式。否则，不能以市场主体经营组织形式设立市场。另外，按照市场主体经营组织形式设立的市场，市场组织主体是一种特殊的产业单位，必须具有法律上的人格，否则不可能实施市场组织活动，还必须采取特定的产业单位组织方式设立和经营。因此，市场主体经营组织形式管理主要包括市场组织主体的组织方式管理和组织要件管理①。

（1）市场主体经营组织方式管理。

市场组织主体设立以市场主体为经营对象的市场，自身必须选择适当的组织方式。按照市场主体组织制度的规定，市场组织主体可以选择的具体组织方式主要包括企业型组织方式和家庭型组织方式，是按照不同的组织法律制度设立的市场组织主体。其中，企业型市场组织主体按照其具体形式不同，还可以具体分为公司型企业、合伙型企业和独资型企业市场组织主体，分别是按照相应的企业组织法律制度设立的市场组织主体。其中，纯粹的公司企业又可以分为股份有限公司和有限责任公司两种基本组织形式。按照企业的资本构成结构，还可以将其具体分为国有企业和私有企业，以及外资企业和合资企业。按照企业之间的相互关系，可以将其分为集团企业和独立企业。其中，集团制企业又可以分为控股集团企业和协作集团企业。控股集团企业是通过企业间的相互持股形成企业集团；协作集团企业是通过企业间分工合作协议形成企业集团。

---

① 阎应福，郝玉柱.市场管理概论[M].北京：中国物价出版社，2002.

（2）市场主体经营组织要件管理。

采取市场主体经营组织形式组织市场，不仅需要首先选择市场组织主体的组织方式。同时，市场组织主体必须具备相应的法定设立要件。通常情况下，市场组织主体所必须具备的基本法定设立要件主要包括三项：第一，必须具有市场名称。市场名称是某个市场区别于其他市场的根本标志，也是市场组织主体人身权利的重要内容，是市场组织主体独立从事市场经营活动的基本条件。市场名称是受法律保护的产业权利，具有专有属性。市场名称经过登记后，其他市场不得使用、混同、假冒和盗用；第二，必须具有固定的市场场所。市场场所是组织主体活动的主要业务场所，也是设立这种组织形式市场的必备要件。市场场所经登记机关登记后，即成为市场组织主体的法定经营场所。市场场所不仅是其进行市场组织活动的场所，也是相关法律关系产生的基本条件；第三，必须有法定的业务范围和代表人，是组织主体实施业务活动和监管主体实施业务监管的基本条件。

2.组织关系管理

市场主体经营组织关系主要包括市场组织主体与经营主体之间的关系，市场经营主体与供给主体之间的关系，市场经营主体与需求主体之间的关系。其中，市场经营主体和供给主体之间的关系、市场经营主体和需求主体之间的关系，同市场客体经营组织中市场组织主体与供给主体的关系和市场组织主体与需求主体的关系基本相同。在这些市场关系中，市场组织主体应对市场经营主体承担连带责任。在市场主体经营组织形式中，市场组织主体与市场经营主体的关系，主要包括经营主体经营的监管关系和经营主体经营场所的租赁关系。

（1）市场经营主体的监管关系。

在市场主体经营组织管理中，市场组织主体与经营主体的监督管理关系，主要包括市场规则监管关系、市场准入监管关系、市场经营监管关系和市场责任的连带关系。

市场规则监管关系要求市场经营主体必须严格遵守组织主体制定的市场业务规章，否则必须承担相应的违约责任。制定市场业务规章，既是市场组织主体的权利，也是市场组织主体的义务。市场组织主体有权根据市场特点和组织管理需要，建立各项市场业务规章，并提交市场监管组织备案，或接受市场监管组织的审查。市场监管组织根据市场管理需要和法律政策要求，可以要求市场组织主体补充必要内容，修改或取消不符合要求或不必要的内容。

市场业务规章的内容应包括：对市场的日常管理及交易安全负责，实现职责到位，责任到人；建立保证公平交易的有效制度；监督指导经营，包括经营范围等；确定设施使用费用标准和维修管理制度；建立市场统计制度等。市场规章在法律性质上属于市场组织主体与经营主体之间的协议。经营主体要进入市场从事市场客体经营，必须承认组织主体制定的市场规章，否则不得在该市场从事经营活动。

市场准入监管关系，要求市场经营主体在法律性质上，必须享有法律主体资格，即必须是法人或自然人。确认入场市场经营主体资格，既是市场监管组织依法行政的具体体现，也是市场组织主体不可推卸的责任。市场组织主体必须按照市场准入制度，严格审查经营主体的准入资格。这里的市场准入制度包括国家法定市场准入制度和市场组织主体自定的准入制度。对于具备市场准入资格的经营主体，应准予入场经营并对其经营活动实施监督管理。

市场组织主体应按照约定，为经营主体创造良好的市场环境，不论市场经营主体的性质和经济实力如何，都必须承认其法律上的平等地位，并不得在国家法律和市场规章以外对其经营活动进行直接干预。同时，市场组织主体必须严格按照国家法律和市场规则，对市场经营主体的业务活动进行严格监督管理。发现违反法律和市场规则的行为进行及时纠正，并按照法律规定及时向市场监管组织或司法机关反映情况。对严重违反市场法律和市场规则的经营主体，应严格按照市场准入法律制度和准入规章将其驱逐出市场。

由于市场组织主体与经营主体之间，在经济和信誉上具有密切的相关关系。因此，在市场经营主体因经营活动侵害他人权益时，组织主体也应根据它们之间的法律关系承担相应的连带法律责任。

（2）经营场所的租赁关系。

市场经营主体入场经营，市场组织主体必须出租市场经营场所，即"招商"，市场经营主体要承租经营场所，从而形成市场组织主体与经营主体之间的经济关系——经营场所的特殊租赁关系。市场组织主体是特定经营空间的出租人，市场经营主体是该特定空间的承租人。市场经营主体以规定数额的租金，取得该特定经营空间规定期限内的占有权和使用权，以及受占有权、使用权和监管关系约束的处置权。

通常情况下，为明确双方的权利和义务，市场组织主体必须与经营主体签

第五章　市场管理的多元化与审计市场管理探析

订租赁合同,把权利和义务的具体内容规定下来。租赁合同的内容包括:出租人(市场组织主体)及承租人(市场经营主体)的名称或姓名;出租经营场所的坐落、使用范围、面积、场所状况、设施;出租经营场所的用途;租金额与交纳的期限与方式;租赁的开始时间和终止日期;承租人是否可转租;租赁经营场所税费负担方式;经营场所损坏时,出租人及承租人各自义务;租赁合同解除条件;违约责任;争议发生后的解决方式等。经营场所租赁合同的履行,必须转移经营场所的占有权和使用权;在租赁关系存续期间,经营主体可以连续占有和使用承租的经营场所;在租赁关系期满或其他原因终止时,承租人必须返还所承租的经营场所,并享有继续承租的优先权;在营业场所承租期间承租人的承租权具有排他性,出租人和其他人均不得侵犯承租权等。

在经营场所租赁关系中,市场组织主体的主要义务包括:按照合同规定及时移交出租的经营场所;经营主体承租不仅包括经营场所,还包括与之相关的营业环境,市场组织主体必须能够保证其经营能够正常进行。如果市场组织主体不履行其义务,致使经营主体的利益或使用效益受损时,经营主体可以请求赔偿并可请求解除租赁合同。

在经营场所租赁关系中,市场经营主体的主要义务包括按期足额交纳租金,租金额由出租人和承租人双方协商确定;合理使用所租赁的经营场所,不得破坏经营场所的长期使用效果。除租赁合同有明确规定外,承租人不能转租经营场所。在租赁关系终止后,市场经营主体应及时将租赁的经营场所按约定状态交还给市场组织主体,延期交还的市场经营主体应按合同约定交纳延期期间的租金或罚金。

二、市场交易行为管理

市场价格行为管理是对市场价格行为方式、行为标准和行为的管理,是形成市场合理交易价格的基础,是交易行为得以正常进行的前提。市场交易行为管理是在市场信息和价格行为管理基础上,进一步规定市场交易行为所必须遵守的业务规范。市场交易行为是在供给与需求双方平等协商基础上,实现确定范围和数量财产权利交换的市场行为,是市场行为的最终结果,也是市场供求主体所要实现的直接市场目标。交易行为准则要求市场主体在市场交易中,应当遵循自愿、平等、公平、诚实信用原则,遵守公认的商业道德,是判断市场交易行为正当与否的基本标准。市场交易行为管理主要包括现货交易和期货交易的行为方式制度。

市场交易的行为方式是规定供求主体之间能够采取的交易行为方式，是为满足不同市场主体之间的交易行为目的，维护正常的流通与融通秩序而确立的管理规范。按照交易行为方式的实施程序和交易目的不同，可以将其具体分为现货交易行为方式、期货交易行为方式、期权交易行为方式和信用交易行为方式四种基本交易行为方式。

（一）现货交易行为方式管理

现货交易行为方式是基本的市场交易行为方式。现货交易行为方式管理是规定供求双方成交后，必须按照约定的交易办法在短期内，完成客体产权的转让后结束交易关系。具体内容主要包括交易范围管理、交易秩序管理和交易计量管理。

1.交易范围管理

现货交易范围管理是对现货交易行为中市场客体交易范围的规范。市场客体是形成市场的客观基础，任何交换关系是以某客体为客观内容而形成。现货交易是以现实地实现市场客体财产权利转移为目的。因此，现货交易的市场客体必然要受到其交易目的的限制，任何不符合交易目的的市场客体都不能成为现货交易的客体。

通常，现货交易的市场客体范围主要符合下列基本要求：第一，现货交易的客体，必须是供给主体享有交易处置权利的市场客体，供给主体不享有处置权的客体不能作为现货市场的客体。第二，现货交易的市场客体，必须是现实的有形财产或无形财产，而不能是其他不具有财产属性的市场客体。第三，现货交易客体必须是法律允许交易的市场客体，不得进行法律禁止交易客体的现货交易，法律限制交易客体必须取得特别许可。

通常，法律限制或禁止进行交易的客体，主要包括国家管制交易的市场客体。凡管制交易的市场客体，在管制期内必须由特许交易主体进行交易。法律限制或禁止交易的市场客体，包括与生态平衡相关的客体，以及各种特殊的自然或社会资源；非法入境的走私客体。走私是逃避海关检查，偷漏关税的违法行为，走私客体不得进入市场；其他可能扰乱社会和经济秩序的市场客体。有些市场客体其交易行为会直接影响社会的正常秩序，这些客体只能在特殊约束下交易；可能危害公共安全的市场客体（如枪支）。这些客体如果被普通社会主体掌握，可以导致危害公共安全，必须限制或禁止其进行交易；政府专卖或专营的市场客体。这些客体必须取得专卖权或专营权才能进行市场交易。

2.交易秩序制度

现货交易秩序制度是规定现货交易供给主体、需求主体和媒介主体，必须遵守交易秩序的管理制度。市场交易秩序是市场秩序的核心，没有正常的市场交易秩序，供给与需求主体之间的交易行为则难以正常进行，整个市场行为秩序也难以得到维持。各市场行为主体必须按照其权利与义务管理的规定，履行各自应承担的各项市场义务，主动维护市场交易秩序。同时，政府市场监管机关也必须认真履行其职责，严格按照市场法律制度要求，对各市场主体的行为进行监督管理。严禁买卖各种不得作为市场客体的票证；严禁以除法定货币以外的其他货币，或者有价证券充当货币在市场上流通；严禁非法发布和传播不真实的市场信息；严禁违反市场价格法律制度，非法提高或降低市场价格；严禁各市场主体之间进行非法的不正当竞争；以维护市场行为主体的合法权益，维护社会的市场整体经济利益。

3.交易计量管理

现货交易计量管理是规定现货交易行为中供求双方交易财产的计量标准，以及计量工具的法定标准的管理制度。现货交易主要是以取得使用价值为目的，而在供求双方之间进行的现实商品和服务交易。为规范市场交易行为，必须建立现货交易的计量制度，具体包括商品及服务计量制度、货币资金计量制度和计量工具标准制度。其中，商品及服务计量制度规定的主要是各种商品或服务内容，以及其数量的计量标准或计量方法。货币资金计量制度规定的主要是交易过程中必须使用的货币资金种类，以及计量标准和不同规模债务的偿付能力。

计量工具指市场上使用的度量衡器具，是市场客体质与量的衡量和计算标准。市场客体计量是否准确，直接关系到供给主体和需求主体的利益。因此，必须建立计量工具标准制度，并依法对其进行监督和管理。计量工具标准制度主要包括计量单位制度、计量基准器具制度、计量标准器具制度和计量检定制度等。任何市场主体不得经营不符合法定标准的计量衡器，不准在交易场所使用无检定合格印证，或者超过检定期限以及经检定不合格的计量衡器。市场主体要自觉遵守计量工具标准制度，按照规定期限定期进行检定，以保证计量衡器的准确性。

（二）期货交易行为方式管理

期货交易行为方式管理是规定在期货交易所内通过交易所会员，在买卖双方支付了规定数额的保证金之后，签订需要在未来某时间履行的客体交易标准化合约，到期进行实物交割或通过合约交易等实现对冲交易的市场交易行为管理制度，是各种期货交易行为的基本管理制度，也是维护期货市场正常的市场秩序，顺利进行期货交易活动的法律保证。通常，期货交易行为制度主要包括会员成员资格制度、期货交易合约制度，以及期货交易结算制度和合约履行保证制度。

1.会员资格制度管理

期货交易是有形市场交易，必须在交易所内通过其会员或成员完成。在会员制的期货交易所，只有其会员才能够直接进行期货交易；在公司制的期货交易所，只有其成员才能够直接进行期货交易；非期货交易所会员或成员不能直接进行期货交易，只能委托会员或成员代理其完成期货交易。

按照其会员或成员的性质不同，可以将其分为自营性、经纪性和综合性会员或成员。自营性会员或成员，只能为其自身买卖市场客体，不得代理他人委托经营期货经纪业务；经纪性会员或成员，只能代替供给或需求主体进行期货交易，自身不得进行自营期货交易；综合性会员或成员则既可以代理供给或需求主体进行期货交易，也可以自己作为市场客体的供给或需求主体，为自己进行市场客体供给与需求的期货交易。

为维护期货市场的正常秩序，使期货交易能够顺利进行，以及维护交易所的信誉和社会形象，要成为交易所的会员或成员，必须具备严格的法定成员或约定会员条件。原则上只有与市场客体有关的市场供给或需求主体，才能够申请成为交易所的会员或成员。交易所会员资格委员会收到申请主体申请后，应对该主体的财务状况、商业信誉、在市场上地位等情况进行审查，符合条件并经该委员会考核合格后，将申请书递交交易所理事会或董事会批准。经理事会或董事会批准后，申请人交纳会员或成员费用等后，才能成为该交易所的会员或成员。

期货交易所会员或成员的收益主要包括两个方面：一是经纪会员或成员收取的代理费用收益；二是自营性和综合性会员或成员，在自营市场客体供求业务中取得的收益。

2.期货交易合约制度管理

期货市场的期货交易，具体表现为期货合约的买卖。期货合约是未履行的市场客体交易合同。期货交易合约制度主要包括交易标准化制度、期货价格制度和合约履行制度。

（1）期货交易的标准化制度，是规定期货合约的内容标准制度。为了便于期货合约的交易，凡在期货市场进行交易的市场客体，品质和数量都必须是标准化的，规格、品种、质量、数量都有统一标准，到期后必须按照标准进行结算。期货交易所对每份期货合约所包含的市场客体数量，即期货合约单位都有明确规定。每份合约都有明确的商品质量要求，能够在质量方面进行准确衡量或划分等级，是一种市场客体能够进行期货交易的前提条件。

（2）期货价格制度对期货价格行为有明确规定。由于期货交易是期货合约的买卖，并没有实际的市场客体进入市场。因此，为使交易能够顺利进行，各期货交易所对期货价格的形成依据，以及形成方式都有明确规定。通常，主要内容包括计价单位制度、价位变动制度和价格报告制度。计价单位制度是规定某期货合约的计量单位和计价货币单位。价位变动制度是规定期货的最小变动价位和日变动价位，通常是为交易竞价过程规范化而设立的交易管理制度。价格报告制度是规定在交易过程中，所有达成的交易和价格都必须向交易所会员报告并公诸于众，以保持期货交易的公开性和竞争性，通常由交易所的通信系统完成。

（3）期货合约的履行制度是规定期货交易合约的履行方式，以及违反该履行方式的违约责任制度。期货交易与现货交易的根本区别在于，现货交易成交后必须在尽可能短的时间内履行交易协议；期货交易成交后则必须在较长的规定期限内履行交易协议，没有到达规定的期限不得强制进行交易。期货合约持有人可以选择在合约到期前进行对冲平仓，或者在合约到期时进行实物交割。但是，如果合约到期既不对冲平仓也不进行实物交割，则会被视为其违反期货交易规则，期货交易所有权对此做出裁决，即以交收日的市价清盘。违规主体要承担全部交易亏损及各种费用，并支付一定数额罚金，对行为恶劣的将被取消其会员资格。

3.期货交易结算制度管理

期货交易结算制度是规定交易结算规范的业务管理制度。主要包括账户分立制度、交易佣金制度和结算会员或成员制度。账户分立制度要求期货经纪商必须将客户资金与自有资金进行严格区分。经纪商本身的资金应存于某银行账户，客户资金应另设客户专用基金账户，主要是为了保护客户的经济利益，防止经纪商挪用客户资金，防止在经纪商破产时将客户基金转成普通债权。佣金是经纪商代客户进行期货交易所获得的报酬，是买卖期货的真实成本。佣金的高低主要取决于经纪商的成本和目标利润，无论期货交易是否盈亏，都必须按规定标准支付佣金。

结算会员或成员制度是规定结算会员或成员规范的业务管理制度。期货交易的结算不能由交易双方直接进行，必须通过结算会员或成员完成。期货交易制度规定，每笔交易只有经过结算所的核定与结算及注册后才能得到最终确认。期货结算所的会员或成员，必须是期货交易所的会员或成员，但期货交易所的会员，并非都是结算所的会员或成员。只有资本雄厚、信誉可靠的期货交易所会员或成员，才有资格申请加入结算所，并且提出申请之后还应通过结算所有关部门的严格审查，才能成为结算所的正式会员或成员。非结算会员或成员只能通过结算会员或成员结算交易。结算会员或成员在按交易所有关规定正式完成结算行为之前，必须对所有经手的交易负责。

4.合约履行保证制度管理

合约履行保证制度，实质上是期货保证金制度。期货保证金是向交易主体双方收取，保证期货合约履行的保证金。期货保证金的数额是按成交合约总值的规定百分比确定。期货保证金制度在期货交易制度中占有重要地位，是期货市场交易双方保证履行约定内容的有效担保，也是维护期货市场各方关系人相应利益的重要措施。在期货交易中，交易双方交纳保证金，对保证期货交易的正常进行具有重要作用。一方面是为了保护期货经纪人的利益，可以通过保证金防止交易主体违反交易合约的约定或其他约定；另一方面可以通过增加或减少保证金数额，适当控制期货交易主体的交易规模，控制期货市场的非法投机活动。

期货保证金通常主要包括会员或成员资格保证金、履约保证金和追加履约保证金。其中，会员或成员资格保证金是会员或成员加入交易所时的风险基金。会员或成员违约造成损失，履约保证金不足补偿时可以从资格保证金中扣除。会员或成员退出交易所时，退回会员或成员资格保证金。

履约保证金是交易双方履行合约义务的保证金，用于承担违约方拒不履约所造成的经济损失。履约保证金在履行合约时与买卖各方清算。追加履约保证金是当市场价格发生对客户不利变化，亏损金额超过履约保证金的一定比例时，要求其追加的弥补亏损保证金。否则，交易所可以采取强制的平仓措施。平仓后所造成的损失和费用由该会员承担。

（三）期权交易和信用交易行为方式管理

现货交易和期货交易是市场的基本交易方式，是市场客体流通与转让的基本行为方式。然而，由于现货交易只能在短期内实现交割，期货交易则必须支付较多的期货保证金，还必须面对较大的交易风险。这些基本交易方式有时难以满足全部供给与需求主体需要，还必须在此基础上建立新的交易方式管理制度——期权交易行为制度、信用交易行为制度。

1.期权交易行为制度管理

期权交易又称为选择权交易，指购买或出售具有在一定期间内用事先商定的价格，买进或卖出一定数量市场客体的财产权利的市场交易方式。也就是，在期权购买主体支付一定数量的期权费用后，取得在规定期限内向期权出售主体按照双方约定的价格，买进或者卖出期权交易协议中规定数量客体的权利交易。实质上是期货交易的一种转化形式，是将期货交易中的保证金转化为期权购买费用。

期权交易有多种具体交易方式，最基本的交易方式包括买入期权交易、卖出期权交易和套利交易。在多数情况下，期权交易是买空卖空交易。因此，期权交易的交割方式多为对冲买卖，进行差额结算，无须实物交割。只有在非买空卖空交易的情况下才需要进行货币资金与市场客体的实物交割。由于期权交易以投机为主，许多国家法律都对这种交易有严格限制，有的国家法律明确规定能够进行期权交易的市场客体种类，有的国家法律甚至禁止任何形式的期权交易。

2.信用交易行为制度管理

信用交易是指投资主体或市场主体借款购买市场客体或赊购客体出售，从中取得价格差额收益或取得市场客体消费权利的市场交易方式。实质上是现货交易与期货交易相结合而产生的一种市场行为方式。

市场客体信用交易的具体方式主要有两种：一种是信用买进，即利用赊购或借款买进市场客体实际消费，或者待该客体价格上涨再卖出，从中取得价格差额收益；另一种是赊销卖出，即首先将借入的市场客体出售，待该客体的价格下跌时再重新买进，从中取得价格差额收益。

在以信用交易满足消费需求的条件下，可以暂时弥补需求主体的市场客体需求资金不足，扩大市场需求规模促进经济快速增长。所以，多数受需求约束的国家都允许采取信用交易方式消费。但是，在将其作为投资手段时，由于其投资风险比较大，世界许多国家的相关法律制度都严格禁止普通金融机构对需求主体发放信用交易贷款，只有经纪商可以在法律允许范围内，向投资主体提供这种贷款，但通常受到严格限制。许多国家法律甚至规定禁止进行市场客体的信用交易，禁止任何金融机构对信用交易主体提供信用交易贷款。

三、市场竞争行为管理

市场竞争是指在市场经济条件下，供给主体、需求主体和媒介主体之间，为最大限度地实现自身经济利益，而相互争取更有利的供给或需求条件的行为。市场竞争使各市场主体时刻面临竞争压力，迫使其不断降低生产经营成本，提高生产经营质量和效率。因此，竞争是市场经济的核心和内在运行动力。市场竞争行为管理必须鼓励和保护正当竞争，制止不正当竞争，保护经营者和消费者的合法权益，以维护正常的市场经济秩序。

（一）市场竞争评价的内容

市场竞争评价是对市场竞争行为属性进行定位。社会对市场竞争的不同评价结果，直接影响法律对市场竞争的结论，影响市场竞争行为管理对调整和规范趋向，最终影响和决定市场竞争行为的状况。因此，市场竞争行为管理必须对市场竞争行为进行评价。市场竞争评价主要包括竞争利益评价和竞争费用评价。

1.竞争利益评价

竞争利益评价是对市场竞争行为整体经济利益属性定位。目前，世界各国经济法律制度，都充分肯定市场竞争的整体经济利益，认为市场竞争是引导经济动力的渠道，是公平社会分配的途径，是优化资源配置的手段，是实现经济增长目标的措施，市场经济法律制度必须保护市场竞争。市场竞争虽然不是经济动力的根本来源，却是经济动力的外在表现，使每个社会主体都会为满足自身需求而尽其努力为社会提供更多更好的商品和服务，使整个社会经济的运行和增长具有充分和持久的动力来源。

在市场竞争的条件下，每个社会主体都不可能自行确定社会价值，对社会贡献必须通过市场由整个社会进行评价，由市场根据其对社会的合理付出，确定其应该得到的报酬数额。对此，要求市场客体供给主体，必须通过竞争行为展示其商品和服务质量，只有质量取得社会认可，才能占有较大的市场份额，才能取得较多的经济利益，并且所取得的经济利益，取决于其向社会付出的市场客体质量和数量，分配的经济利益是全体市场主体共同决定。因此，市场竞争行为是实现公平分配的有效途径，其他任何手段都难以实现真正持久的公平分配。

第五章 市场管理的多元化与审计市场管理探析

在市场竞争条件下，社会是按照市场主体贡献进行分配。贡献大的主体能够取得较多的分配，贡献小的主体只能取得较少的分配。社会分配是社会资源配置的前提，对社会贡献大分配多的市场主体，能够占有更多的社会资源；对社会贡献小分配少的市场主体，只能占有较少的社会资源。这样，会使有限的社会资源不断向社会效率更高的主体集中，不断淘汰大量占有社会资源却不能向社会提供合理产出的市场主体，从而提高整个社会的经济效率，使资源在整个社会得到更加合理的配置。社会资源分配得越合理，社会经济效率就越高，在这样的环境中，社会经济也必然在合理运行的轨道上带动经济高速增长。

2.竞争费用评价

竞争费用评价是对市场竞争行为整体经济缺陷属性定位。市场竞争行为不仅具有其对整体经济利益的贡献，使社会整体经济利益水平不断提高。同时，有明显的整体经济缺陷，还会对社会整体经济利益构成直接的破坏性影响。目前，世界各国市场经济法律制度都充分认识了市场竞争的整体经济缺陷，认为市场竞争行为是形成市场垄断的重要途径，是产生不合理竞争行为的渠道，恶性竞争还会导致社会资源的浪费。因此，市场经济法律制度必须规范市场竞争行为，约束不合理的和恶性的市场竞争。

市场竞争行为还会产生许多不符合整体经济要求的不合理竞争行为，出现市场主体的欺诈客户行为、商业贿赂行为、商业诽谤行为，以及商业倾销行为、恶意促销行为和侵犯他人商业秘密行为等。这些不正当的市场竞争行为，会严重影响正常的市场经济秩序，侵害其他市场主体的经济利益，影响市场竞争的社会整体经济利益。因此，必须建立相应的法律制度予以限制或禁止。此外，市场过于激烈的竞争行为，还会导致大量具有存在价值的市场主体破产，以及市场主体生产经营活动的盲目性和波动性。

（二）市场竞争的基本原则

市场竞争原则是不同市场行为主体之间市场竞争行为的基本准则。市场竞争行为在市场经济中占有重要地位，市场法律制度必须保护合理的市场竞争，限制和禁止不正当的市场竞争，以便充分发挥其对整体经济的贡献，降低对整体经济的负面影响，最大限度地实现整体经济目标。因此，必须确立市场竞争行为基本原则。

1. 平等竞争原则

平等竞争原则，即各市场主体的竞争地位及竞争过程必须平等。要求各市场行为主体之间必须具有平等的法律地位，任何行为主体都不应享有法律上的特权，也不能单方面承担不平等的义务。各市场主体之间的法律地位平等，是开展市场竞争的基本前提，也是市场竞争各项基本功能实现的基础。如果市场主体之间的法律地位不平等，处于有利地位的市场主体完全可以不凭借自身努力而取得较高的市场利益；处于不利地位的市场主体，尽管付出了比其他主体更大的努力，也难以取得较好的市场利益。这样会严重影响市场主体的竞争动力，影响市场竞争的开展，最终影响整个社会经济的运行状况和整体经济利益的实现状况。

2. 自由竞争原则

自由竞争原则，即各市场主体的竞争意识必须自由。要求竞争行为必须符合市场行为主体的主观意愿，他人不得强迫其实施特定的竞争行为。竞争主体必须能够充分表达自己的真实意志，根据实际意愿进行市场交易活动。市场主体可以自主决定是否参与某市场竞争，其他市场主体无权干涉。市场主体可以在法律规定范围内，自由地选择交易对象、交易内容，以及所采取的交易方式。市场主体必须能够按照真实意志实施市场行为，非法律因素外其他主体不得强制或干预市场主体行为，并且其他市场主体也不得利用不正当手段诱使其从事某市场行为，不得提供关系市场状况的肯定性预测。

3. 公平竞争原则

公平竞争原则，即各市场主体的竞争机会必须公平。要求每个市场主体都应有充分均等的机会进入市场，参与市场客体的供给与需求竞争。对此，可以依法自主进入市场或退出市场，也可以自由地进入或退出其市场客体的生产经营领域。这里需要强调的是市场竞争的公平原则，并不是保护能力的公平和结果的公平。许多市场客体的生产经营领域并不是任何主体都能进入，而是必须达到法律规定的相应能力标准才能进入，但只要同时达到相关标准，则必须能够享有同等的进入机会。同时，从事某客体的生产经营活动并不能够保证都取得相同的经营结果，公平竞争原则保护的是机会的公平，而不保护竞争结果的相等。

4. 独立竞争原则

独立竞争原则，要求各市场主体必须以自身力量独立地参与市场竞争，既不同他人联合垄断市场客体的供给与需求，也不应以任何侵害他人利益的手段进行市场竞争。任何市场主体都不应同其他市场主体达成联合进行市场客体供给或联合进行市场客体需求的协议，否则协议不具有法律效力，必须承担相应的法律责任。任何市场主体都不得与其他市场主体以默契的形式实施市场行为，进行事实上的垄断市场价格或市场客体的供给与需求。如果某市场主体自身能力已经达到垄断程度，必须对其垄断能力进行分散，或者接受法律对其市场垄断行为的相关约束。

5.诚实信用原则

诚实信用原则，是指市场主体在市场竞争中讲诚实守信用。要求竞争者在市场中不得采取欺诈性交易手段。假冒、仿冒行为及对商品质量作引入误解的虚假宣传等，均属违反诚实信用原则的不正当竞争行为。另外，市场主体还须遵守公认的商业道德和商业惯例。

（三）市场竞争行为的保护内容

市场竞争行为是社会经济动力的表现形式，是市场主体从自身利益出发实现整体经济利益的基本途径。任何对正常竞争行为的影响和干预，都会削弱社会的经济动力，都会对经济运行造成深远影响。特别是在整体经济条件下，市场主体的市场控制能力在不断增强。因此，必须规范生产经营者的市场竞争行为，鼓励公平竞争；依法查处不正当竞争行为，保护公平竞争；保护经营者和消费者的合法权益；保障市场经济健康发展。

市场竞争行为保护，是保护市场主体正当的竞争行为。通常，市场竞争行为的保护内容主要包括：市场垄断限制、自然垄断约束，以及竞争环境保护、竞争空间保护。

1.市场垄断限制

市场垄断限制是规定市场行为主体，主观垄断市场供求行为的约束规范。垄断是对竞争的限制或阻碍，是少部分市场主体排除或限制竞争的状态或行为。垄断不仅表现为实际控制市场的组织状态，还表现为各种实质性限制竞争的行为，不仅会限制正常的市场竞争，而且还形成对社会整体经济利益的损害。通常，市场垄断限制主要包括市场垄断评价和市场垄断确认。

垄断的组织标准要求垄断必须具有特定形式，以获取垄断利润为目的的市场主体联合。垄断组织主要包括：①短期价格协定是参加该组织的市场主体在规定期限内，要遵守其规定的市场客体销售价格，以便操纵市场排挤其他竞争对手，获得垄断利润。②卡特尔形式是经营同类市场客体的主体，就商品质量、销售市场和销售价格等达成协议的垄断组织。③辛迪加形式是在采购原材料以及销售商品上达成统一协议的垄断联合。④托拉斯形式是通过兼并或合并，形成从生产到销售结合成一体的垄断组织。⑤康采恩形式是以某实力雄厚的市场主体为核心，形成各行业联合的垄断集团。

垄断的行为标准，要求垄断必须具有独占市场行为、股份保有行为、董事兼任行为和瓶颈垄断行为。独占市场是在特定市场上，供给主体处于无竞争状态，或取得压倒性地位和排除竞争的能力。股份保有行为是某市场主体，不正当地占有其他主体的股票或资本股份，或几个市场主体相互占有对方的股票或资本额。董事兼任行为是其自然人，同时兼任两家或者两家以上市场主体的董事，这种董事的交叉任职很容易在具有竞争关系的公司间采取统一行动，从而减少或完全排除彼此之间的竞争。瓶颈垄断行为是某市场主体，利用某些基本商品或者某种特殊的设施限制竞争对手，这种特殊设施对竞争对手的经营活动至关重要。通常特殊设施的拥有主体，必须允许其竞争主体依据公平条件享用。

2.自然垄断约束

自然垄断约束是规定市场行为主体客观垄断市场供求行为的约束规范。自然垄断是由于自然条件和技术条件，以及规模经济要求等而无法竞争或不适宜竞争形成的垄断。自然垄断的结果与市场垄断没有实质性区别，都由少数市场主体控制某专业市场的供给与需求，形成对某专业市场的独占性和排斥性经营，使其他市场主体难以进入该市场实施客体供给行为。通常自然垄断约束主要包括自然垄断确认和自然垄断市场约束。

3.竞争环境保护

竞争环境保护是规定禁止市场优势主体，违背市场竞争原则制度破坏市场竞争环境。竞争环境保护的核心内容，是禁止市场优势主体凭借其自身市场优势限制正常的市场竞争。市场优势主体指其自身具有某种客观的市场优势市场主体。通常，这些优势主要包括：某市场主体在同行业内部缺少相互竞争主体，其市场客体经营具有绝对优势地位，或者某市场主体在各竞争主体中具有某个方面的市场竞争优越条件，或者具有特殊的经济属性，享有政府赋予的特殊市场地位。通常，竞争环境保护的内容主要包括如下内容。

（1）禁止独家交易，是指禁止市场优势主体实施独家交易行为。独家交易行为是某市场优势主体，只允许销售商独家经营它的市场客体，而不允许经销其他同类竞争主体市场客体的行为。这种市场行为会使销售商失去自由选择市场客体的权利，限制该市场客体正常的市场竞争，损害其他竞争主体、销售主体和需求主体的利益，必须对这种市场行为予以禁止。

（2）禁止限定价格制度，是指禁止市场优势主体实施限定价格行为。限定价格行为是某市场优势主体，向批发商或零售商提供市场客体时，要求必须按照其所限定的价格实施销售行为。这种市场行为会使销售商失去其享有的市场客体定价自主权，使其无法依据面临的竞争和成本状况确定销售价格，削弱不同经销商之间的价格竞争。

（3）禁止差别对待，是指禁止市场优势主体实施差别对待行为。差别对待是某市场优势主体没有正当理由，对条件相同的供给或需求主体供给或需求的市场客体，在价格或其他交易条件上给予明显有利或不利区别对待的行为会使受到不同对待的市场主体之间形成不公平的市场竞争。实施差别待遇的理由是否属于正当，应根据市场供求情况、成本差异、交易数额和信用风险等因素判断。

（4）禁止附条件交易，是指禁止市场优势主体附加不合理条件的交易行为。附条件交易是某市场优势主体实施的，附加不合理交易条件的交易行为。法律禁止的附条件交易必须是违背相对人的真实意愿，并且所附条件不具有合理性。

（5）禁止强制交易，是指禁止市场优势主体实施强制交易行为。强制交易指供给主体采用胁迫或行政命令等强制手段，实施或安排他人实施或阻碍他人实施市场交易的行为，会严重破坏正常的市场行为秩序，以及市场主体之间进行公平竞争。通常强制交易行为主要是市场监管主体、供给主体或媒介主体实施的行为，是利用胁迫或行政命令等强制手段实施的市场行为。强制主体有时从事市场交易，有时则操纵或限制他人交易。强制交易行为违反了平等自愿的市场交易原则，限制市场主体之间开展公平的市场竞争。同时，在个别供给主体采用暴力等极端强制手段从事强迫性交易行为时，还会破坏正常的社会秩序。

4.竞争空间保护

竞争空间保护是指在某统一市场范围内，禁止采取不合理手段进行区域市场封锁。其核心内容是禁止地方政府通过行政手段，实施区域间市场客体的流动壁垒政策。地方政府往往会从其地方利益出发，在统一市场范围内采取不合理手段限制或封锁不同地区之间的贸易往来，不正当地追求区域内的局部经济利益。它的基本特征：实施主体是地方政府或其市场监管机关；是地方政府滥用行政权力实施的，是属于违反法律和经济政策的行为；其结果是造成或可能造成不同区域间的市场壁垒。区域间的市场封锁会影响市场客体的正常流通，阻碍整个社会统一市场的形成，破坏正常市场关系的建立和发展。

地区封锁的具体表现为：限制或阻碍外地市场客体进入本地市场；限制本地重要市场客体进入外地市场；对在本区域内销售的外地市场客体，在销售范围和数量以及在法规和执法程度上进行不平等对待；明确规定在本区域范围内某些市场客体的供求行为，只能在所指定的市场内实施；规定在本区域范围内销售的外地市场客体必须搭售本地某市场客体商品；市场监管机关以明示或暗示方式，要求其所属市场主体或其他社会组织等必须到某市场购买有关商品或接受有偿服务等。这些限制市场客体正常流通的行为，严重限制了正常的市场竞争，分割了整个社会完整统一的市场体系，影响社会的整体经济利益，还必然削弱中央政府的整体经济调节与控制能力，破坏正常的市场经济秩序和经济运行秩序。

第二节 市场化改革进程中的企业管理

随着改革开放的不断深入，国内企业有了很多学习西方先进的管理模式以及管理理念机会，这为企业管理发展带来了新机遇。此外，企业管理模式的创新则是实现市场经济发展、激发市场活力的重要前提，需要提高对这部分工作的关注度，并逐步对其中的细节进行优化改革。

一、中国市场化改革的重要意义

企业要得以发展，必须学会摆脱对政府的依赖，结合企业自身发展状况、转变管理模式，从而提高企业的核心竞争力。特别是国有企业，其在过去多依赖政府发展，机会多，影响力大，但是随着市场经济的不断发展，国有企业开始暴露出管理弊端，企业缺少竞争力和创新力，难以实现可持续发展。不少民营企业也是如此，传统单一的管理模式，使得企业无法发挥自身的真正实力。因此，要迎合时代发展潮流，不断挖掘企业的发展潜能，从而使其在激烈的市场竞争中立于不败之地[①]。

---

① 黄栩辰.市场化改革中的企业管理模式创新[J].中国商论，2019（04）：116-117.

第五章 市场管理的多元化与审计市场管理探析

近年来,市场经济改革为我国经济发展创造了有利条件,也为我国经济方式的转变奠定了物质基础。我国政府大力推进市场化改革,始终强化政府职能,为企业提供公平、公正的发展机会和资源。政府部门将市场权利归还到企业手中,使得企业能够及时了解市场状况,以此调整自身的发展方向,市场经济呈现出良好的发展势头。

二、企业管理模式创新工作中存在的问题

市场化改革背景下,企业管理模式创新中存在的问题主要体现在以下几个方面。

第一,代理经营的模式导致"管理低效"以及"决策短视"问题。国有企业是国内经济的重要产业支柱,这类企业中的领导一般是通过行政任命产生,因此被任命的领导并不拥有企业所有权。即便是民营企业,管理者通常也只是在行使"代理管理"职能,企业利益与管理者个人利益之间缺少共通点,故而他们很难对自己日常所负责的工作投入积极性。再者,管理人员素质参差不齐,也是造成管理低效和决策短视问题的主要原因。具体来说,若企业的经营环境波动较大,他们便较少会在管理人员的培训培养工作中投入大的人力、物力,这主要是基于培训成本以及员工跳槽两方面的因素考虑做出的决定,而这种短视的做法却使企业管理队伍的整体素质难以提高,严重影响实际管理水平的提升以及企业的转型发展。

第二,组织结构设置过于烦琐、固化,缺少灵活性。很多企业喜欢将管理机制设置得非常精细,认为只有这样才能够实现"各司其职",进而提高管理效率。但过多的层级结构和职能划分却导致"人浮于事"效率低下的问题。决定一件日常性事务需要经过无数领导审批,严重影响企业的管理效率。若从横向来看,职能机构交叉过于严重,便会使各个职能无法发挥出应有的工作效率,更为各个职能机构相互推卸责任"提供"机会。上述问题若得不到改变,将会对企业的执行力、抗风险能力以及管理者的决策能力产生严重影响。

第三,创新能力和技术转化能力不足的问题。随着经营理念的不断变化,国内企业已经认识到新兴技术对生产模式改革以及管理优化产生的重要性,但关注的却只是新技术的引入,对技术研发以及推广应用方面的工作没有得到足够重视。新兴技术在企业中的推广应用仍存在较大的不确定性,更影响管理层对于新技术的信赖。

三、企业管理模式创新的推进策略

（一）管理理念的创新

管理理念层面的创新是推动企业管理模式创新的重要前提，而管理模式创新的重点则在于发挥"人"的积极性以及主观能动性。知识经济时代已经到来，企业的组织结构形式正在逐渐向着扁平化方向发展，企业发展需要的是"学习型组织"，要能够通过管理模式、理念转变，为员工营造出积极向上的工作氛围，并促进其全面发展。要求管理者在进行决策或落实各项政策时重视人的作用，要把每一个员工从"文化人"打造成"决策人"，让其在各自岗位上发挥出自己的职能作用，为企业发展做出贡献。

上述目标的实现需要管理者营造出融洽、和谐的工作氛围，摆正对于管理模式创新的认识，肯定基层员工为企业战略转型发展所做出的贡献。管理模式的创新仅依靠个别员工的"聪明才智"是很难完成的，还需要群体内成员在特定目标引导下共同启发、交流讨论，当这类前期准备工作达到一定程度后，才能够产生突变，进而完成管理模式创新的目标。因此，在工作中要发挥企业文化作用，依靠企业文化引导、激励员工向着特定的创新目标努力，进而为管理模式创新打好基础。

（二）企业管理队伍的创新优化

管理队伍的创新优化是企业管理模式创新改革必须要重视的工作，为此需要做好人才培养、强化企业家队伍建设。对企业而言，需要培养一支敢想敢拼、敢打硬仗的管理队伍。基于宏观层面分析，需要一支以创新管理为主，能够引导市场竞争潮流的企业家队伍，从而实现国内经济结构的产业转型、助力于国内经济在新时期的腾飞。

综上所述，企业需要提高对于人才培养工作的关注度，建立一套公平、科学严谨的培训、考核评价机制，为员工以及管理者搭建起学习、提高的平台。规范干部任免与任用，将管理人员、优秀员工看成一种生产要素并进行合理配置。

（三）企业创新文化环境的积极营造

提起创新，人们能够想到的是其积极影响，殊不知企业管理模式的创新也有很大风险性和不确定性。如果要推行创新文化，企业需要投入大量的人力、物力资源，即使这样也不一定能够获得成功。但是，无数的事实证明，创新只有拥有敢于失败、敢于面对失败的勇气，才能获得成功。

第三节　审计市场管理机制解读

一、审计市场的两个特点

（一）审计市场具有一般产品市场的特点

审计市场作为供求双方实现对审计产品的出售和购买的实现方式，是商品市场的组成部分，具有一般产品市场的特点。在这个审计产品市场上，有以下市场要素：①供给方，即会计师事务所。②购买方，即需要向社会或有关利益主体提供经审计的会计信息的市场主体，或需要以审计后的会计信息作为决策依据的投资者、债权人、政府相关部门等。③市场客体，即审计报告、鉴证报告等审计产品。④供求关系，即供给方和需求方围绕审计产品而展开的一系列活动所形成或已存在的供给方和购买方之间的关系。

供求关系以价格为调节手段，相关利益主体围绕价格进行竞争，以实现自身利益最大化；这种竞争又会随着基本市场环境的完善程度呈现出不同的竞争特点，如完全竞争市场的自由竞争、不完全市场的垄断竞争，以及寡占市场的竞争。当市场因为规则或其他原因而出现市场本身所不能解决的问题时，便需要政府监管，以弥补市场本身的缺陷[①]。

（二）审计市场具有公共产品市场的特点

审计市场上，作为审计客体的审计产品是一种信息产品。作为一种信息产品，又具有一般产品所不具有的特点，即具有公共产品的特点。审计师的审计报告在提供给一个使用者使用后并不减少其使用价值，即具有非排他性；审计信息可同时提供给无限多的使用者使用，即具有非竞争性。正是由于审计产品的公共性存在，使审计产品产生了外部不经济的经济后果，容易产生社会上使用者"搭便车"，即使用审计信息而不付费，使实际审计产品供给量小于达不到帕累托最优的审计产品供给量，造成供给不足。要求政府进行干预，以达到帕累托最优。

以上审计市场的两种特性，无论是作为一般市场产品，还是作为一种信息产品，都需要政府一定程度上进行监管，以弥补市场本身功能不足。单纯依靠市场力量，则难以达到社会福利的最大化。同时，由于市场竞争中，以价格为核心的自由竞争机制是市场存在的优势形态，即相对于政府管制的经济来说具有明显优

---

① 黄慧.我国上市公司审计市场的管理分析[J].科技创业月刊，2011，24（03）：58+61.

点。也就是说，政府的监管职能是作为市场功能的补充，而不能代替自由竞争的市场。

二、审计市场管理的机制内涵与内容

在商品市场中，到底自由竞争的力量和政府监管的力量各占多大比重，或者说政府监管采取体积方式与自由竞争市场结合，能够使市场达到帕累托最优，使市场运行效率最大化，便成为各国理性市场监管当局关注的焦点。同样，审计产品市场作为各国市场的有机组成部分，同样存在上述问题。

对审计产品市场而言，各国市场对审计产品的供给者，即对审计主体提出资格要求，要求审计产品供给者必须达到各国市场对审计服务的最低资质，包括会计知识、审计知识、必需的法律知识、财务知识等，以及运用这些知识技能和职业道德方面的要求。既然是为了解决市场上的信息不对称而对审计产品产生需求，那么在审计市场监管上，就要特别强调审计主体资格等信息的透明性。在监管过程中，必须有对审计质量的既定、明确要求，也就是说，必须有明确的监管规则，对审计师的行为进行约束和规范，并对违规行为进行惩戒。

审计市场的监管又必须考虑所在国家的市场环境，如一国政治稳定程度、经济发展状况、法律完善程度等，对审计监管的各种资源（包括注册会计师协会管理力量、政府中相关的部门、社会其他团体的相关监管力量等）进行整合，并对监管力度、范围、方式等做出必要调整。然而，这种调整并非监管者单方可以做出，而是社会相关各方力量多次博弈达到的一种策略均衡。这种对审计主体资格的准入限制，对审计行为的约束和惩戒，以及为达到监管目的而对监管范围、程度、方法的调整，对监管资源、对象、市场要素进行事例的系统，称为审计市场管理机制。

审计市场管理机制一般包括以下方面：对审计市场中供给方和需求方的监管，对审计执业行为的规范，对违规者的惩戒。这些监管又由不同的机构实施，具体包括行业自律组织、政府部门和独立监管机构。此外，监管依据包括法律法规、行业准则等[①]。

三、世界各国审计市场管理机制的一般属性

第一，审计市场管理机制是市场经济监管的有机组成部分，也是会计信息市场监管的有机组成部分，是对自由市场竞争的一种补充；是为了促进和保证市

---

① 宁丽萍.浅析审计市场管理机制的几个问题[J].内江科技，2010，31（2）：129.

功能的发挥，而不是代替自由市场的基本运行规律。

第二，对市场中审计产品的供需双方之间关系的协调，是对审计产品供需双方与市场中其他相关主体（如同业之间、事务所与合伙人、社会管理机构等）之间关系的协调。

第三，审计市场管理机制是对相关的社会资源一种动态整合，是审计市场管理要素之间相互影响、相互制约、互相储存的有机系统。这个系统是对其他市场运行机制的支持，这个审计市场管理系统又依赖于其他社会系统，如法律、政治、社会文化传统等系统。也就是说，该系统自成一个系统，同时又是其他系统的子系统或母系统。这是分析审计市场管理时必须考虑各国具体的经济、政治、历史等情况，又要将其放到国际经济发展大环境中进行考察的系统论依据。

四、世界各国审计市场的外在表现性

各国在进行审计市场管理时，都非常重视审计准则等市场规则的制定，通过制定明确的审计准则进行对注册会计师行业的管理，并通过审计准则规定进入。注册会计师审计行业需要具备的资质条件，首先需要通过考试取得执业资格，并通过审计准则对审计师的行为进行规范和约束。

在进行行业自律管理时，发挥注册会计师作为具有专门知识的专门人才力量；在进行独立管理时，需要在独立机构中吸收专家的加入；在进行政府监管时，同样离不开熟悉注册会计师行业知识的专业人员或具有专门知识的人员参与。换句话说，审计市场管理离不开注册会计师的力量，离不开注册会计师行业协会或公会参与。

各国规定了对注册会计师进行惩戒的措施，包括警告、罚款、清除出职业界等。

各国十分重视在对审计质量控制时，审计独立性对审计质量的影响，即使在对审计市场监管时，不少国家仍十分强调独立监管的作用。

第四节　上市公司审计市场结构的管理探析

一、我国上市公司审计市场结构对审计质量的不利影响

我国上市公司审计市场结构的低集中度对审计质量产生的不利影响，主要表

现在以下两个方面①。

首先，会计师事务所难以实现规模经济性。上市公司审计市场结构的低集中度，使得证券审计市场充斥着较多小规模的会计师事务所。会计师事务所由于客户数量过少，市场占有率过低，业务经营无法形成规模效应，经营成本难以降低，盈利能力自然也难以提高。结果，事务所没有经济实力和品牌声誉吸引、凝聚高素质的审计人才，也无法在人员培训、审计技术开发、风险控制等方面进行必要投资，审计服务质量也很难得到保证，而且大量规模过小的会计师事务所也没有足够的实力抗拒审计风险。

其次，加剧审计师与上市公司间审计契约关系的失衡，危害审计的独立性。我国大多数上市公司治理结构不完善，来自发起人或控股股东的经营者集公司决策权、管理权、监督权于一身，股东大会形同虚设，"内部人控制"问题严重。在此环境下，选聘审计师的权力真正掌握在经营管理者手中。经营管理者由被审计人变成审计委托人，并决定会计师事务所的聘用、续聘、付费等事项，审计师在审计交易契约中明显处于被动地位，而且目前的行业监管体系和责任追究模式也决定了弄虚作假的审计师受到查处的概率大小。因此，有些审计师往往选择迁就上市公司，甚至与上市公司共谋，进而损害中小投资者的利益。

在这种审计关系格局下，审计市场若过于分散，上市公司的选择空间就会较大，可以找到较为配合、愿意满足其不当要求的会计师事务所提供审计服务，必然导致会计师事务所为维系客户，屈从于客户的操纵，从而严重危害审计的独立性和社会公信力。

最后，制约会计师事务所风险、质量和品牌意识的培养，不利于其提升竞争实力。在我国现行审计市场结构形态下，会计师事务所之间的竞争主要体现在客户数量争夺上。会计师事务所为争夺更多客户，将主要精力放在与有关政府部门和上市公司经营者搞好关系，热衷于低层次的价格竞争，而不是努力提高审计质量、防范和控制审计风险，无疑阻碍了我国注册会计师行业整体执业水平的提高，不利于与国际知名会计公司在国内市场上进行有效竞争。

---

① 陈任武，李玲.论我国上市公司审计市场结构及对审计质量的影响[J].财会通讯（学术版），2008：3-6, 129.

第五章 市场管理的多元化与审计市场管理探析

二、我国上市公司审计市场结构的优化建议

（一）审计市场结构优化的尺度把握

会计师事务所资产专用性程度不高、服务产品异质以及审计与非审计服务联合提供产生的合约范围经济性，使得其具有明显的规模效益递增特征。因此，会计师事务所会竞相追求规模经济效益，导致审计市场日趋集中。但审计市场上的规模效益递增并不会带来"马歇尔冲突"，原因在于审计市场的沉没成本较小，审计师变更动机复杂，对潜在竞争者的快速进入缺乏阻止力，潜在竞争者的"进入威胁"会迫使在位的大型事务所很难动用其市场势力，使传统的有效结构和完全竞争本身不再重要，垄断性的市场结构反而更有助于达成规模经济效应与自由竞争活力的融合。

因此，有效的审计市场结构应该是一个可竞争的垄断均衡结构。审计市场上有一批大型会计师事务所，集中度较高，会计师事务所之间的审计服务产品存在质量差异，但不存在人为的进入壁垒。

审计市场的集中度达到什么水平，可以认为是适度或是优化，一个合理的判断应该是审计市场的集中度，应该与其所服务的股票市场的集中度相适应。也就是说，如果上市公司中的大企业由大型会计师事务所审计，中企业由中型会计师事务所审计，小企业由小型会计师事务所审计，是一种比较合理的结构。如若较大的会计师事务所审计较小的企业，由于没有规模收益，相对于较小型的会计师事务所并无优势。相反，如果由较小型的会计师事务所审计较大的企业，势必需要多个较小会计师事务所联合才能审计一个较大的公司。由于交易成本的存在，不如由一个较大型的会计师事务所审计更有效率。

（二）我国上市公司审计市场结构的改进和发展战略

依据审计市场集中度与股票市场集中度相适应的观点，对我国审计市场现行结构应采取如下改进和发展战略。

一方面，通过提高上市公司审计市场的准入标准，引导国内会计师事务所走规模化发展道路，鼓励国内会计师事务所之间的强强合作。对已经有信誉和品牌的大型会计师事务所，应当加以扶持，并鼓励其与非"四大"（普华永道会计师事务所、德勤会计师事务所、毕马威会计师事务所、安永会计师事务所）国际会计师事务所合作与合资，是解决当前我国会计师事务所平均规模偏小、缺乏竞争实力、执业质量低下的重要手段。

一方面，在促使和推动我国会计师事务所走规模化发展道路时，必须坚持以市场机制调节为主原则，要确保事务所在自愿、平等、协商基础上，自主选择合并、重组对象，而不能实行政府强制。否则将会严重影响会计师事务所今后和谐运作与健康发展。因为注册会计师行业是人力资本高度密集型的服务业，从业人员的亲和力、积极性和责任感是决定事务所兴衰存亡的关键因素，还应允许会计师事务所根据自身条件和意愿，选择实现规模经营的具体形式，如实行集团制、进行创立式或吸收式合并、发展成员所等。

另一方面，对所有会计师事务所一视同仁，避免给予"四大"超国民待遇。如有的银行规定，信用审计一律需要通过外资会计师事务所；深圳市政府要求深圳基础性产业一律要请"四大"审计；政府对国内会计师事务所推行政府指导价格，而对国际会计师事务所则允许市场调节价格等都应当加以矫正。

参考文献

一、著作类

[1] 陈兴述.资产重组会计研究[M].重庆：重庆出版社，2001.

[2] 石建勋，郝凤霞，张鑫，等.企业并购与资产重组理论、案例与操作实务[M].北京：清华大学出版社，2019.

[3] 阎应福，郝玉柱.市场管理概论[M].北京：中国物价出版社，2002.

[4] 周晓苏.资产重组会计研究[M].北京：中国财政经济出版社，2001.

二、期刊类

[1] 白凌.关于企业资产重组作用的思考[J].技术经济与管理研究，2002，（3）：111.

[2] 蔡颖，张啸岳，宋夏云.资产重组审计风险的控制研究[J].财务与会计，2019，（16）：26-29.

[3] 常京萍，侯晓红.审计成本、审计师变更与审计质量——基于重大资产重组的视角[J].山西财经大学学报，2015，37（01）：114-124.

[4] 陈浩才.企业资产重组相关财务问题分析及应对建议[J].科学与财富，2019，（21）：192.

[5] 陈凯.企业重组并购形势下资产管理风险探析[J].会计之友，2012，（23）：59-60.

[6] 陈任武，李玲.论我国上市公司审计市场结构及对审计质量的影响[J].财会通讯（学术版），2008：3-6，129.

[7] 付凯.企业并购重组中资产评估与具体方法研究[J].财会学习，2019，（24）：189，191.

[8] 高权生.企业资产重组中的财务问题研究[J].中国商贸，2015，（32）：45-47.

[9] 郭丹丹.不同重组类型企业资产重组绩效的实证分析[J].商业会计，2012，（3）：49-51.

[10] 郭文，陈博.企业资产重组中的会计问题研究[J].商场现代化，2019，（7）：125-126.

[11] 黄宏.内部审计在企业资产重组中的地位和作用[J].时代金融（下旬），2015，（10）：121，124.

[12] 黄慧.我国上市公司审计市场的管理分析[J].科技创业月刊，2011，24（03）：58+61.

[13] 黄栩辰.市场化改革中的企业管理模式创新[J].中国商论，2019（04）：116-117.

[14] 蒋玲.企业资产重组中的财务管理工作探寻[J].科学与财富，2019，（3）：281.

[15] 李俊华.浅析企业资产重组财务问题与对策[J].财会学习，2019，（28）：33-34.

[16] 李明来，张梦宇，张仪.中国证券市场现存问题与对策探究[J].经济研究导刊，2017（11）：127-128.

[17] 李世君.企业资产重组涉及的会计问题分析及完善思考[J].中国乡镇企业会计，2019，（10）：80-81.

[18] 梁红军.企业上市前期资产重组中财务整合[J].财会学习，2019，（33）：66，68.

[19] 刘瑜.中国上市公司资产重组绩效分析[D].杨凌：西北农林科技大学，2003：15-35.

[20] 刘正军，何鑫波.内部审计参与资产重组的必要性分析[J].经济师，2019，（9）：131-132.

[21] 宁丽萍.浅析审计市场管理机制的几个问题[J].内江科技，2010，31（2）：129.

[22] 任宇石，马新，李向民.企业资产重组中的若干问题[J].大连民族学院学报，2003，5（4）：38-39.

[23] 尚东.企业资产重组的融资风险及防范分析[J].财经界，2019，（18）：19-20.

[24] 邵月.内部审计在企业资产重组中的地位和作用[J].中国乡镇企业会计，2018，（10）：198-199.

[25] 石烁婷.试析经济转型期企业资产重组问题及解决措施[J].全国流通经济，2019，（17）：37-38.

[26] 王睿，林书宇.重大资产重组对审计师变更影响研究[J].财经问题研究，2015，（8）：83-89.

[27] 王吴歌.探析企业内部市场管理[J].农村经济与科技，2016，27（20）：121+123.

[28] 王亚宁.我国上市公司资产重组绩效分析[D].大连：大连海事大学，2006：15-35.

[29] 吴莉，胡基学.中国上市公司资产重组绩效评价[J].当代经济，2015（34）：52-54.

[30] 徐涵江.上市公司资产重组绩效评价研究[J].财经研究，2000（10）：30-33.

[31] 严善明.有关资产重组审计问题探析[J].财务与会计，2004，（9）：57-58.

[32] 杨芳.中国上市公司资产重组模式研究[D].成都：成都理工大学，2002：15-35.

[33] 杨竟.投资银行在企业资产重组中的作用[J].经济研究导刊，2019，（19）：91-93，134.

[34] 袁丁.企业资产重组审计问题及对策分析[J].当代会计，2015，（8）：50-51.

[35] 张虎春.企业资产重组研究[D].南京：河海大学，2002：15-40.

[36] 赵斌.谈企业资产重组后应规避的风险[J].煤炭经济研究，2003，（7）：48.

[37] 周树大.上市公司资产重组审计[J].中国内部审计，2007，（11）：36-39.